Der gelernte König

Wilhelm II., Württembergs letzter König, um 1920 vor dem Schloß in Friedrichshafen.

Anni Willmann

Der gelernte König
Wilhelm II.
von Württemberg
Ein Porträt
in Geschichten

DRW-Verlag Stuttgart

ISBN 3-87181-292-7

© 1993 by DRW-Verlag Weinbrenner GmbH & Co.,
Leinfelden-Echterdingen
Das Werk einschließlich aller seiner Teile ist urheberrechtlich
geschützt. Jede Verwertung außerhalb der engen Grenzen des
Urheberrechtsgesetzes ist ohne Zustimmung des Verlages
unzulässig und strafbar. Dies gilt insbesondere für
Vervielfältigungen, Übersetzungen, Mikroverfilmungen und die
Einspeicherung und Verarbeitung in elektronischen Systemen.
Gesamtherstellung: Ebner Ulm

Bestellnummer: 292

Inhalt

Geleitwort (7)   Vorwort (8)

Wilhelm II., Württembergs letzter König (14)

Die weißen Spitzerhunde (16)

Zwei echte Hedelfinger – Der königliche Spaziergänger – Hofnarren auf vier Beinen – Geburtstagsgrüße

Kinderjahre im Prinzenbau (26)

Der Schreinerlehrling – Die Konfirmationstorte – Das Vermächtnis des Großvaters – Ein König kämpft um die Pressefreiheit

Student und Soldat (36)

In Tübingen – Göttinger Intermezzo – Ein sangesfreudiger Schwabe – Kein Säbelraßler – Herr Prinz aus Württemberg – Erstmals in Italien – Die Frau seiner Träume – Fürstliche Mitfahrgelegenheit – Die Majestätsbeleidigung

Ein volksnaher Monarch (48)

Der Ulanen-Hermann – Ernst im Glück – Ein kapitales Mißverständnis – Drei Fürsten und ein Gaul – Die Schützenwurst – Schwäbische Vesper

Ein liebevoller Familienvater (56)

Hochzeitsglocken – Kurzes Glück – Freud und Leid in Marienwahl – Arbeit als Medizin – Eine Königin für Württemberg – Frau mit großem Herzen – Königliche Pateneltern – 's Königs Päule – Die Thronbesteigung – Der erste Bürger seines Landes – Sprach der König schwäbisch? – Fräulein Natalies Federhut – Paulines Hochzeit – Großvater und Enkel – Nicht von Stuttgart

Der gelernte König (98)

Stuttgart als Kulturzentrum – Die königlichen Hoftheater – Neues Leben aus Ruinen – Das erste Doppeltheater der Welt – Ein Geburtstagsgeschenk für die Königin – In die Schule geh' ich gern – Muster mit viel Wert – Der König bei den Fabriklern – Die schwäbische Eisenbahn – Ein Rathaus für die Großstadt und ein »Bund fürs Leben« – Ein Theater und Kontorhäuser nach Hamburger Muster – Für geistiges und leibliches Wohl – Professorengehälter aus eigener Tasche – Schillerverein, Silchermuseum und ein Museum für die Auslandsdeutschen – Der König als Steuerzahler – Der Schwabenpreis von Weil – Herzog Albrecht, der Thronfolger – Der schwimmende Zylinder – Religionsfreiheit für alle – Der erste Freidenkerbund

Abschied von der Monarchie (136)

Königreich oder Republik? – Silberhochzeit und Regierungsjubiläum – Der 9. November im Wilhelmspalais – Abschied von Stuttgart – Der angebliche Königsretter – Der Thronverzicht – Nie wieder nach Stuttgart – Stille Tage im Exil – Der Tod des Königs

Verzeichnisse (160)

Geleitwort

Bis heute ist das Andenken an König Wilhelm II. von Württemberg (1848–1921) lebendig geblieben. Es drückt sich nicht nur im Denkmal vor dem Wilhelmspalais aus, sondern auch in vielfältigen Erinnerungen an einen Regenten, der durch seine Liberalität und Leutseligkeit geradezu als Idealbild eines Königs gesehen wurde. Viele Begebenheiten, an denen der König beteiligt war, werden noch heute weitererzählt. Eine ausführliche wissenschaftliche Biographie des letzten württembergischen Königs und seiner Zeit steht noch aus.

In ihrem Buch würdigt Frau Anni Willmann Leben und Wirken von König Wilhelm II. Berichte, Anekdoten und Bilder zeichnen das Porträt eines Mannes, der von tiefer Menschlichkeit geprägt war. Eine Zeit wird lebendig, in der viele gegenwärtige Entwicklungen ihren Anfang nahmen. Als Chef des Hauses Württemberg freue ich mich über dieses Buch und wünsche ihm eine weite Verbreitung.

Carl Herzog von Württemberg

Altshausen, im Februar 1993

Vorwort

Ein Buch über König Wilhelm II. von Württemberg – ist das noch zeitgemäß? So werden manche fragen, denn seit dem Ende der Monarchie sind 75 Jahre vergangen. Die Antwort lautet: Gerade jetzt ist es aktuell. In unserer Zeit mit ihrem Mangel an echten Vorbildern, in der die Staatsverdrossenheit immer weiter um sich greift, ist es lohnend, sich Gedanken darüber zu machen, weshalb diesem Monarchen, der 1918 Land und Krone verlor, bis heute in der Bevölkerung eine so lebendige und positive Erinnerung bewahrt wird. Zu seinen Lebzeiten genoß er die Verehrung, ja Liebe aller Volksschichten, ganz gleich, welcher politischen Partei sie angehörten. Fast neidvoll stellte der preußische Gesandte in Württemberg anläßlich der Silberhochzeit des Fürstenpaares im Jahre 1911 fest, daß »dieser König eine besonders hochgradige Popularität« genieße; und es überraschte ihn, daß Wilhelm II. »Anhänger aus Zuneigung zur Person« hatte.

In diesem Buch wird versucht, ein Porträt des letzten Königs von Württemberg zu zeichnen – nicht aus historischen Quellen, die sich auf den großen Bogen machtpolitischer Ereignisse beschränken, sondern vor allem aus Anekdoten und Erzählungen ein Bild des Mannes zu zeichnen, von dem nicht monarchistischer Glanz und in Kriegen erworbene Gloria, sondern menschliche Vorzüge im Gedächtnis der Schwaben verankert sind.

Württembergs letzter Monarch hat sich nie als Herrscher über sein Volk, sondern als Bürger unter Bürgern gefühlt. Leitmotiv seines Handelns war in der 27jährigen Regierungszeit der »besonnene Fortschritt«, und dieser Fortschritt ist ihm im Einvernehmen mit den Vertretern des Volkes gelungen, weil er niemandem aus selbstherrlichem Machthunger seinen Willen aufgezwungen hat und das Wohl des Volkes kein bloßes Lippenbekenntnis für ihn war. Seine außergewöhnliche Intelligenz, gepaart mit umfassender Bildung auf allen das Staatswesen betreffenden Gebieten, sein Pflichtbewußtsein und untadeliger Lebenswandel ermöglichten es ihm, den Boden für die Verwirklichung zukunftsweisender Ideen so zu bereiten, daß Altbewährtes mit sinnvollem Neuen in Einklang gebracht wurde.

Man glaube nicht, diese Harmonie sei damals einfacher gewesen als heute. Wilhelm II. regierte ja in einer Zeit epochaler Umwälzungen und revolutionärer sozialer Ideen. In Württemberg vollzog sich der Wandel vom Agrarland zum Industriestaat; Altgefügtes stürzte ein, und eine völlig neue »Klasse« der Arbeiter entstand. Daß dieser Umbruch ohne Gewalt gemeistert wurde, war nicht zuletzt Wilhelm II. zu verdanken, dem die Fürsorge für die sozial Schwachen Herzensbedürfnis war.

Schon seine Zeitgenossen aller politischen Parteien nannten den König einen »wahren Demokraten«. Anläßlich des 25jährigen Regierungsjubiläums im Jahre 1916 schrieb zum Beispiel der überzeugte Sozialdemokrat Wilhelm Keil in der Zeitung seiner Partei, daß sich »gar nichts ändern würde, wenn morgen in Württemberg anstelle der Monarchie die Republik träte«; wenn alle Bürger und Bürgerinnen zu entscheiden hätten, würde »kein zweiter Anwärter mehr Aussicht haben, an die Spitze des Staates gestellt zu werden, als der jetzige König«. Jahrzehnte später, am 25. Februar 1978, legte der bekannte schwäbische Schriftsteller Thaddäus Troll, ein überzeugter Linksintellektueller, zum 130. Geburtstag Wilhelms II. an dessen Grab auf dem alten Ludwigsburger Friedhof einen Lorbeerkranz mit einer Schleife in den schwarz-roten Farben des Königreichs Württemberg nieder. Die Schleife trug die Inschrift: »Dem wahrhaft liberalen Landesvater. Seine treuen Württemberger.«

Ein Denkmal für den Bürgerkönig

Den Anlaß zur Entstehung dieses Buches gab die Aufstellung eines Denkmals für den König am 18. Mai 1991 vor dem Wilhelmspalais in Stuttgart, seinem Privathaus, in dem er bis zum 9. November 1918 gewohnt hat. Er hatte diesen bürgerlichen Wohnsitz auch als regierender Fürst beibehalten; das Neue Schloß diente lediglich Repräsentationszwecken. (Heute ist im Wilhelmspalais in der Konrad-Adenauer-Straße die Stadtbücherei untergebracht.)

Jahrelang beklagten viele Stuttgarter und auch auswärts lebende Schwaben, daß es ausgerechnet für König Wilhelm II. in seiner ehemaligen Residenzstadt kein Denkmal gab, obwohl gerade er es besonders verdient hätte. Schließlich wandten sich immer mehr Leser an den Journalisten Fred Wiesen, der durch einen Spendenaufruf bereits die Nachschöpfung der im Krieg zerstörten Nymphengruppe von Heinrich Dannecker durch die Bildhauerin Doris Schmauder ermöglicht hatte.

In dem Spendenaufruf zugunsten eines Denkmals für den letzten König von Württemberg wurde ausdrücklich darauf hingewiesen, daß auch kleinste Beträge sehr willkommen seien; jeder solle sich daran beteiligen, weil es ein Denkmal aller Bürger »für den Bürgerkönig Wilhelm II.« sein solle,

*Dieses schlichte Denkmal des Königs, von dem
Bildhauer Hermann C. Zimmerle geschaffen,
steht seit Mai 1991 vor dem Wilhelmspalais in
Stuttgart.*

gewissermaßen eine Wiedergutmachung für die Geschehnisse im November 1918.

Tausende kleine, aber auch größere Spenden gingen ein, so daß das Denkmal am 7. Mai 1991 vor dem Wilhelmspalais unter großer Beteiligung der Bevölkerung der Öffentlichkeit übergeben werden konnte. Es wurde vom Bildhauer Hermann C. Zimmerle, dem Ersten Vorsitzenden des Stuttgarter Künstlerbundes, geschaffen, der den König ganz zivil mit seinen beiden Spitzerhunden dargestellt hat.

Schon 1981 hatte der Verschönerungsverein Stuttgart den Abguß eines Bronzereliefs mit dem Königspaar an der Außenwand neben dem Haupteingang zum Wilhelmspalais anbringen lassen. Das Originalrelief von Professor Habich, damals Lehrer an der Kunstakademie Stuttgart, befindet sich auf einem Gedenkstein in der Rotenwaldstraße bei der Bismarckeiche.

Die Anekdoten und Berichte, die in diesem Buch verwendet wurden, gingen mir von vielen Seiten zu, als ab April 1980 in der »Stuttgarter Illustrierten« eine Artikelserie über »Württembergs geliebten Herrn« veröffentlicht wurde. Es waren Briefe aus den unterschiedlichsten Bevölkerungskreisen, von Württembergern und ausgewanderten Schwaben; aus allen sprach der Wunsch, persönliche Erinnerungen oder Überlieferungen aus der Familie der Vergessenheit zu entreißen, um zu einer möglichst umfassenden Darstellung der Persönlichkeit Wilhelms II. beizutragen. So konnte ein facettenreiches Bild dieses »Demokraten auf dem Königsthron« entstehen.

Die Details festzuhalten, schien besonders angezeigt, weil sie einen der markantesten Abschnitte in der Geschichte Württembergs und eine ihrer bedeutendsten Persönlichkeiten betreffen: den letzten regierenden Repräsentanten eines Fürstenhauses, das die Geschicke dieses Landes durch Jahrhunderte gelenkt hat.

Urteilen Sie nach der Lektüre des Buches selbst, ob Wilhelm II. mit Recht »Württembergs geliebter Herr« genannt wurde und, wie es auf gut Schwäbisch heißt, »e gueter Ma« gewesen ist.

Ein herzliches Dankeschön allen, die durch Informationen vielfältiger Art aus privaten Kreisen dazu beigetragen haben, daß Kenntnisse über Württembergs letzten König nicht verlorengehen.

Dank auch den Herren Eberhard Fritz, Archiv des Hauses Württemberg, und Bernhard Gondorf, Fürstlich Wiedisches Archiv, für die Geduld bei meinen Nachforschungen, ebenso dem Verlag des Stuttgarter Wochenblattes für die Erlaubnis zur Verwendung von Fotos und Informationen aus der Stuttgarter Illustrierten 1980/87 sowie dem Historiker Dr. Wilhelm Kohlhaas für seine Untersuchung der Vorgänge am 9. November 1918 im Wilhelmspalais.

Ein dankbares Gedenken widme ich dem inzwischen verstorbenen Presserechtler Prof. Dr. Martin Löffler für die Schilderung der Rolle Wilhelms I. von Württemberg im Kampf um die Pressefreiheit.

Stuttgart, im Frühjahr 1993   Anni Willmann

Wilhelm II., Württembergs letzter König

ls im Herbst des Jahres 1920 im Wald bei Bebenhausen eine alte Frau Beeren sammelte, kam sie mit einem Spaziergänger ins Gespräch, mit dem sie sich über dies und jenes unterhielt, auch über die Entbehrungen, die die Nachkriegszeit brachte. Da fragte der ihr unbekannte Herr, wie es denn überhaupt so gehe landauf und landab. »Ach Herr«, seufzte die Frau, »mr sottet halt wieder an g'lernte König han!« – nicht ahnend, daß der »gelernte König«, dem sie nachtrauerte, vor ihr stand.

Diese Begegnung, deren Wahrheit verbürgt ist, sprach sich in der Gegend schnell herum. Auch Sebastian Blau alias Professor Dr. h. c. Josef Eberle aus Rottenburg am Neckar erfuhr davon und legte sie in abgewandelter Form folgendem Gedicht zugrunde, verfaßt in Rottenburger Dialekt:

> *'s hot emol en Bebehause*
> *onser König aohne Flause*
> *seine Nochbersbaure gfroget:*
> *»Wia goht's em nuie Staat,*
> *send 'r zfrieda, weand 'r ploget?«*
>
> *Dodruf hot en Alter gsait:*
> *»O Herr König, des ist's grad,*
> *daß es en dr heutge Zeit*
> *glernte König nemme geit.«*

Wilhelm II., Württembergs letzter regierender Fürst, der nach seiner Abdankung im Schloß Bebenhausen bei Tübingen wohnte und dort am 2. Oktober 1921 starb, war ein »gelernter König« in des Wortes umfassendster Bedeutung. Sein Lebensfaden spulte sich zwischen zwei Revolutionen ab, in einer Zeit weltgeschichtlicher Umwälzungen. Er wurde am 25. Februar des Revolutionsjahres 1848 geboren, bestieg am 6. Oktober 1891 als Nachfolger König Karls von Württemberg den Thron und verlor am 9. November des Revolutionsjahres 1918 die Krone. Die formelle Abdankung erfolgte erst am 30. November 1918. Der diesbezügliche Erlaß, der am selben Tag im Staatsanzeiger erschien, war die letzte Regierungshandlung als König.

Die weißen Spitzerhunde

och bevor wir näher auf die Kindheit und Jugendjahre des Prinzen eingehen, befassen wir uns mit Ali und Rubi, den weißen Spitzerhunden, die stets zuerst erwähnt werden, wann immer die Rede von König Wilhelm II. ist.

Prinzessin Katharina war sehr tierliebend, vor allem Hunde hatte sie gern, und so schenkte sie ihrem Sohn im Alter von 12 Jahren einen weißen Spitzerhund, an dem der kleine Prinz sehr hing. Spitzer waren fortan bis ins Alter seine Lieblingshunde. Ganz Stuttgart kannte des Königs weiße Spitzer, selbst über die württembergischen Landesgrenzen hinaus wurden Geschichten über sie erzählt und geschrieben. Man sah den König kaum jemals ohne seine possierlichen Begleiter. Ihm gehorchten sie aufs Wort, aber wenn er nicht aufpaßte und sie sich unbeobachtet fühlten, konnten sie recht angriffslustig sein. Immer liefen sie ihrem Herrn voraus, sie waren sozusagen sein Erkennungszeichen; man wußte genau, wer hinter ihnen kam. Da stellten sich oft Kinder rechtzeitig in Positur, die Mädchen machten ein Knicksle, die Jungen »ein Kompliment«, also einen Diener, und sagten »Grüß Gott, Herr König!« Besonders Vorwitzige getrauten sich sogar, ihn nach der Uhrzeit zu fragen, weil sie seine schöne silberne Uhr sehen wollten, die er dann aus der Tasche zog. Er wußte natürlich genau, daß es den Kindern nur darum ging, und machte das Spielchen schmunzelnd mit.

Immer grüßte er freundlich, und wenn er alten Leuten begegnete, beeilte er sich, sie zuerst zu grüßen. In seinem Buch »Mein Stuttgart« erzählt Michael Greiner, wie er einst nach seiner Ankunft aus der württembergischen Provinz in Stuttgart auf der Planie den König mit seinen Spitzerhunden beobachtet habe: »Vor jedem Vorübergehenden deckelte er in freundlicher Weise.« Der »Neu-Stuttgarter« Greiner blieb extra stehen und wunderte sich, daß der König vor jedermann »deckelte« – den Hut zog –, während »die anderen Leute kaum Notiz davon nahmen, da sie ihn ja täglich so sahen«.

Zwei echte Hedelfinger

Wie ihr Herr, so waren auch die beiden Spitzer echte Schwaben; sie stammten aus Hedelfingen.

Zur Zeit Wilhelms II. stand das Gestüt in Weil bei Esslingen in voller Blüte. Schon König Wilhelm I. besaß eine weithin berühmte Pferdezucht, die allerdings in seinem Sohn König Karl keinen Förderer mehr hatte. Wilhelm II. war dagegen ein passionierter Anhänger des Reitsports. Meist legte er bei seinen Ausritten ein so forsches Tempo vor, daß seine Begleiter kaum mitkamen.

Er knüpfte also nach seinem Regierungsantritt an die Zeit seines Großvaters König Wilhelms I. an und richtete in Weil eine Pferdezucht ein, die bald in großem Ansehen stand. Weiler Pferde errangen zahlreiche hochdotierte Preise nicht nur in Deutschland. Viele wurden zu Zuchtzwecken ins Ausland verkauft, zum Beispiel nach Österreich und Ungarn. Auch Rennen wurden in Weil veranstaltet. Doch davon später.

Wenn der König und die Königin nach Weil fuhren – zu Rennen oder anderen offiziellen Anlässen sogar mit der

Staatskarosse –, ging die Fahrt in der Regel durch Hedelfingen. Bis zum Jahr 1910 begnügten sich die Hedelfinger mit einem im Jahre 1510 erbauten Rathaus, das fast mitten in die Straße hineinragte, so daß zwischen diesem Gebäude und dem gegenüberliegenden Gasthaus zum Ochsen (in dem übrigens Friedrich Schiller gern verkehrte) nur eine sehr enge Durchfahrt frei war. Dort mußte das königliche Vierergespann ganz langsam fahren – eine günstige Gelegenheit für die Bewohner, ihren König und die prächtige Kalesche mit dem livrierten Kutscher auf dem Bock gebührend zu bewundern. Wenn ein anderes Fahrzeug entgegenkam, wartete die Kutsche, um es passieren zu lassen. Jeder Bürger, der es halbwegs einrichten konnte, stellte sich unter die Haustür oder schaute zum Fenster heraus und grüßte respektvoll. Auch der Weingärtner Bleher gehörte zu den Schaulustigen. Flankiert von seinen beiden weißen Spitzerhunden, stand er unter der Hauseinfahrt und genoß das Ereignis.

Die Spitzer waren wunderschöne Tiere, auf denen die Augen des Königs wohlgefällig ruhten, sooft die Kutsche an dieser Stelle langsam fahren oder anhalten mußte.

Eines Tages erschien ein Hoflakai bei dem Weingärtner und überbrachte die Botschaft, daß der König gerne die weißen Spitzer kaufen würde. Falls Herr Bleher nichts dagegen habe, solle sie der Diener gleich mitnehmen. Der gute Wengerter fühlte sich hoch geehrt, seine Hunde in solche Hände geben zu dürfen, und der Kauf war perfekt. Fortan waren die beiden Spitzer die erklärten Lieblinge ihres neuen Herrn.

Ihr Hedelfinger »Elternhaus« vergaßen sie aber trotz der Fürsorge ihres hochfürstlichen Gebieters nicht so schnell. Etwa um 1908, ein Jahr, nachdem sie den Weingärtner verlassen hatten, mußte die königliche Kutsche auf dem Weg nach Weil wieder einmal in dem Nadelöhr zwischen Gasthaus und Rathaus halten, weil ein mit Holz beladener Wagen die Straße blockierte. Es dauerte eine Weile, bis das Gespann vorbei war und die Königskutsche weiterfahren konnte. Da merkte der Kutscher, daß die beiden Spitzer fehlten, die neben ihm auf dem Bock gesessen hatten; er wagte kaum, es dem König zu sagen. Der regte sich aber gar nicht auf, sondern schickte den Leibkutscher zum Haus des Wengerters, denn als Hundekenner war ihm klar, wo man die Ausreißer suchen mußte. Tatsächlich lagen Ali und Rubi in der Wohnung des Herrn Bleher behaglich hinter dem Ofen, als ob sie nie fort gewesen wären.

*Königin Charlotte, Fürstin Pauline zu Wied und
Prinzessin Katharina von Württemberg bereit
zu einer Ausfahrt, mit von der Partie auch
Spitzer Rubi – oder Ali?*

In Bad Cannstatt, damals Hallschlag Nr. 110, heute Kreuzung Löwentor-Hallschlag, gab es zu jener Zeit eine Gärtnerei. Der König kam mit seinen Spitzern oft zu Fuß dort vorbei, weil er gern am Burgholzhof spazierenging. Eine Frau Epple, die neben der Gärtnerei einen Acker bewirtschaftete, hatte einmal einen jungen Hund bei sich, dem sie ebenso zugetan war wie der Monarch seinen Spitzern. Als der König des Weges kam und Ali und Rubi das Hündchen bemerkten, sprangen sie übermütig auf den Acker, wahrscheinlich wollten sie mit dem Kleinen spielen. Die Frau aber, die nicht gut sehen konnte und den Herrn nicht erkannte, verstand es anders und schrie: »Sia, Ma, nehmet Se au Ihra Köter zu sich, die machet ja mei Hondle hee!« Der König rief die Spitzer zu sich, grüßte höflich und spazierte weiter. Erst als er gegangen war, klärte der Gärtner Frau Epple auf, wen sie da mit »Sia, Ma« tituliert hatte.

Der königliche Spaziergänger

Eines Tages kam ein Bauersmann vom Lande in die Residenz, der den verehrten König endlich einmal von Angesicht zu Angesicht sehen wollte. Um ihn ja nicht zu verfehlen, wartete er in der Nähe des Wilhelmspalais', denn man hatte ihm gesagt, daß der König ganz bestimmt dort herauskommen werde, um seinen täglichen Spaziergang zu machen. Er wartete und wartete und freute sich riesig, als endlich die große Flügeltür aufging und die beiden weißen Spitzerhunde herausgesprungen kamen, von denen er schon viel gehört hatte. Doch zu seiner Enttäuschung kam hinter den Hunden kein König – den er sich in imposanter Uni-

Die weißen Spitzerhunde 21

Der königliche Spaziergänger: Wilhelm II. in Friedrichshafen am Bodensee.

form vorstellte –, sondern nur ein Herr im dunklen Zivilanzug mit steifem Hut auf dem Kopf. Und dieser Herr erdreistete sich gar, die beiden Hündchen zu locken und ihnen »Gutsle« zuzuwerfen. Da erboste sich der Bauer: »Sia, des tut mr fei it, dia Hondle ghairet onserm Keenich!«

»So, unserem König gehören sie«, erwiderte der Herr lächelnd, »dann ist's ja gut«, drückte dem Bauern ein Goldstück in die Hand und setzte seinen Spaziergang fort.

Erst jetzt dämmerte es dem Bauern, daß er sich den König ganz falsch vorgestellt hatte; und er freute sich darüber, denn er war sich bewußt, daß er nur diesem Irrtum eine derart nahe Begegnung mit Seiner Majestät zu verdanken hatte.

Hofnarren auf vier Beinen

Die Hunde, die immer in der Nähe ihres Herrn sein durften, hatten etwas von kleinen Hofnarren an sich. Vor Titeln und Ämtern zeigten sie keinerlei Respekt; sie waren demokratisch wie der König. Es scheint ihnen sogar besonders viel Freude bereitet zu haben, würdige Exzellenzen anzubellen. Auch bei offiziellen Essen liefen sie vergnügt im Saal herum und musterten die Gäste. Eines Abends hängten sie sich nach Aufhebung der Tafel an die Frackschöße eines Würdenträgers – mit dem Ergebnis, daß die Schöße arg mitgenommen waren. Der Gast beschwerte sich ob dieses Malheurs beim Oberhofmeister, doch der erklärte seelenruhig: »Ich habe Ihnen ja schon immer gesagt, Exzellenz, daß Sie sich beim Diner keine Koteletten in Ihre Rockschöße stecken sollen.«

Da die Spitzer frei laufen durften, brachten sie manchem Buben eine zerrissene Hose ein. Die Tränen der Kinder waren aber mit einem 10- oder 20-Markstück vom König schnell getrocknet. Als einem Handwerksmeister dasselbe Mißgeschick mit den Hunden passierte und der König den Schaden so großzügig ersetzte, meinte der Mann, er hätte nichts dagegen, wenn sich Ali und Rubi öfter seiner Hose bedienten.

Hühner und anderes Kleingetier waren ebenfalls nicht sicher vor den beiden. Manche Bäuerin büßte auf diese Weise ihre »beste Legere« ein, verschmerzte den Verlust der (wahrscheinlich nicht immer besten) Legehenne aber schnell, wenn sie dafür derart fürstlich entschädigt wurde.

Im Sommer hielten sich der König und Königin Charlotte regelmäßig im Schloß Friedrichshafen auf. Das Schloß, das so wunderschön am Ufer des Bodensees liegt, war ursprünglich ein Kloster. In den Jahren 1824 bis 1830 wurde es zu einer Sommerresidenz umgebaut. (Heute ist es im Besitz des jetzigen Chefs des Hauses Württemberg, Herzog Carl.) Während eines Aufenthalts im Jahre 1899 traf der König auf einem Spaziergang in der Nähe des Schlosses einen jämmerlich weinenden Jungen. Als er ihn fragte, was denn so Schlimmes passiert sei, soll das Kind geantwortet haben: »Deine Sauspitzer hen mir mei Hose verrisse.«

Einem Freund, der den König auf diese Episode ansprach und wissen wollte, ob die Geschichte wahr sei, antwortete er, die Begebenheit stimme schon, nur »das hat er leider nicht gesagt«.

Geburtstagsgrüße

Die Hunde waren dem König so ans Herz gewachsen, daß er sie sehr vermißte, wenn er – etwa bei Auslandsreisen – ihre Gesellschaft entbehren mußte. An seinem Geburtstag am 25. Februar 1911 verbrachte er einen Erholungsurlaub in Cap Martin an der französischen Riviera. Da schickte ihm sein treuer Kammerdiener Gußmann eine Fotografie der beiden Lieblinge: in der Mitte ein großer Blumenstrauß, links und rechts, Männchen machend – Ali und Rubi. Die Freude war groß und fand im folgenden Gedicht aus unbekannter Feder ihren Niederschlag:

> *Ali und Rubi, des Königs Begleiter,*
> *furchtlos und treu, possierlich und heiter,*
> *sandten ihrem gütigen Herrn,*
> *als er einst weilte von ihnen fern,*
> *ihr gelungenes Konterfei,*
> *daß er an sie erinnert sei,*
> *und drückten ihm durch einen Blumenstrauß*
> *die allerhöchsten Glückwünsche aus.*

Als die Hunde tot waren – Ali hauchte sein Leben in Carlsruhe/Schlesien aus, Rubi mußte in Bebenhausen wegen eines Krebsleidens eingeschläfert werden –, hatte der König auch andere Rassehunde, zuletzt einen englischen »Schafhund«, eine spezielle Hirtenhunderasse. Dieser Hund war anfangs so angriffslustig, daß er an manchen Tagen gleich mehrere Bubenhosen zerriß. Dank der strengen Erziehung seines fürstlichen Herrn wurde er aber später ganz sittsam.

Königin Charlotte, eine Pferde- und Hundefreundin wie ihr Gemahl, hatte übrigens in Friedrichshafen einen Bern-

Geburtstagsgrüße per Post:
Zum 63. Geburtstag schickte Kammerdiener
Gußmann dem in Südfrankreich weilenden König
diese Gratulationskarte mit Ali und Rubi.

hardiner, der sich gut mit den Spitzern vertrug und sie offenbar ebenfalls als so etwas wie kleine Hofnarren mit stoischer Ruhe hinnahm.

Bei aller Liebe zu seinen Hunden hat sich der König ein Gefühl der Differenzierung bewahrt. Als sein Kammerdiener für den toten Rubi ein Grabkreuzchen aufstellte, das die Inschrift trug: »gestorben am ...«, ließ es der König ändern in »verendet«.

Kinderjahre im Prinzenbau

och wir sind der Zeit weit vorausgeeilt und kehren zur Ausbildung des »gelernten Königs« zurück. Prinz Wilhelm wurde am 25. Februar 1848 im Prinzenbau in Stuttgart geboren, wo seine Eltern wohnten. In diesem Palais am Schillerplatz sind heute Büros des Justizministeriums untergebracht.

Seine Mutter war Prinzessin Katharina von Württemberg, eine Tochter König Wilhelms I. aus dessen Ehe mit Königin Pauline, der Nachfolgerin der früh verstorbenen Großfürstin Katharina von Rußland. Sein Vater Prinz Friedrich, genannt Fritz, war ein Sohn von König Wilhelms I. Bruder Paul. Katharina und Fritz waren also Geschwisterkinder, Cousin und Cousine. Die Hochzeit hatte am 20. November 1845 stattgefunden. Eheliche Verbindungen zwischen so nahen Verwandten gab es in Fürstenhäusern recht häufig, so daß der Großvater in diesem Fall auch Großonkel des Kindes war.

Der kleine Wilhelm oder Willy, wie er in der Familie genannt wurde, war der Liebling seiner Eltern und königlichen Großeltern, um so mehr, als die am 13. Juli 1846 geschlossene Ehe des Kronprinzen Karl mit der schönen, geistreichen russischen Zarentochter Olga kinderlos zu bleiben schien. Zunächst wurde der kleine Prinz, der wie jedes andere Kind und ohne Standesdünkel aufwachsen sollte, der Obhut des Kindermädchens Emma Strauß anvertraut, einer Schwäbin, die ihn liebevoll umsorgte, aber, wenn nötig, auch streng sein konnte. Als Wilhelm sechs Jahre alt war, erhielt er den Theologiestudenten und späteren Hofkaplan Günther zum Lehrer, einen besonders ausgeprägten Schwabentyp.

Karl Günther legte als Lehrer großen Wert auf eine fundierte Allgemeinbildung. Dabei verstand er es, nicht nur Wissen zu vermitteln, sondern auch die charakterlichen Anlagen des Kindes zu entwickeln und es ihm zur Selbstverständlichkeit werden zu lassen, daß jeder Mensch, gleich welchen Standes und Berufs, dieselbe Achtung verdiene. Er machte seinem Schüler bewußt, daß gerade er in seiner Stellung als königlicher Prinz ein Vorbild an Pflichterfüllung und untadeligem Lebenswandel sein müsse. Auch bemühte er sich, dem Kind in Fragen des christlichen Glaubens den rechten Weg zu weisen. Englisch, Französisch, Latein, Heimatkunde, Geschichte, Zeichnen, vor allem aber Deutsch wurden eifrig gelehrt und gelernt; sportliche Betätigung kam dabei ebenfalls nicht zu kurz.

Im Prinzenbau am Schillerplatz in Stuttgart wurde Wilhelm II. am 25. Februar 1848 geboren.

Damit der Prinz als Einzelkind lernte, sich in die Gemeinschaft anderer einzufügen, wurden ab 1858 gleichaltrige begabte Gymnasiasten aus adeligen und bürgerlichen Familien eingeladen, am Unterricht teilzunehmen. Sie waren ihm auch Freunde bei Sport und Spiel und verbrachten mit ihm öfter die Ferien am Bodensee.

»Prinzenbuben« nannte die Bevölkerung diese Schul- und Spielkameraden, mit denen er zeitlebens verbunden blieb. Seine Anhänglichkeit war so groß, daß er mit ihnen noch nach Jahren korrespondierte und sich, wenn sie in Stuttgart oder Umgebung wohnten, allwöchentlich an bestimmten Tagen mit ihnen zum Frühschoppen traf, entweder im »Michoud« oder im »Dierlamm«, damals bekannte Stuttgarter Cafés. Drei der einstigen »Prinzenbuben« nahmen noch an der Feier seines 70. Geburtstages am 25. Februar 1918 im Wilhelmspalais teil, aus dem er achteinhalb Monate später vertrieben wurde.

Prinz Wilhelm war auch zeichnerisch sehr begabt. Schon als Sechsjähriger schenkte er seinem Großvater zum Geburtstag eine selbstgezeichnete Landkarte mit den vier Kreisen Württembergs und der »Rauhen Alp«, »gewidmet am 27. September 1854 von Deinem Enkel Willy«.

So wuchs der Prinz in einer Atmosphäre der Liebe und Geborgenheit auf, ohne jedoch verhätschelt zu werden. Weder Eltern noch Großeltern redeten den – durchwegs schwäbischen – Erziehern drein, selbst wenn sie einmal anderer Meinung waren, schon gar nicht vor dem Kind. So wurde Wilhelm nie zwischen der einen und der anderen Seite hin und her gerissen – sicher ein Faktor, der mit zu dem vielgerühmten ausgeglichenen Wesen des Königs beigetragen hat.

Der Schreinerlehrling

Um eine einseitige, nur auf den Intellekt ausgerichtete Erziehung zu vermeiden, wurde für das Kind im Prinzenbau eine Schreiner- und Buchbinderwerkstatt eingerichtet, in der es nach Herzenslust hobeln und kleben konnte. Ein Schreiner- und ein Buchbindermeister erteilten ihm fachgerecht Unterricht. Eines Tages mußte die liebgewordene Unterweisung in der Kunst des Schreinerns ausfallen, denn da erschien aufgeregt ein junges Mädchen im Prinzenbau und sagte: »Einen schönen Gruß vom Meister, und er könnt' heut net komma, weil er geschdern gestorben sei.«

Prinz Wilhelm hatte viel Freude an handwerklichen Tätigkeiten. In der Werkstatt entstanden allerlei schöne Dinge, mit denen Familienangehörige und andere bevorzugte Personen zu Weihnachten oder bei sonstigen Gelegenheiten überrascht wurden. Sie verstanden es als besondere Auszeichnung, und die Geschenke werden in manchen Familien bis heute in Ehren gehalten.

Übrigens hatte Prinzessin Pauline, die Tochter des Königs, die Begabung ihres Vaters für handwerkliche Tätigkeiten geerbt. Die Nachkommen des letzten königlichen Leibkutschers Zeiss hüten noch heute ein intarsiengeschmücktes Nähtischchen, das Pauline einst ihrem Lehrer im Gespannfahren geschenkt hatte, als kostbaren Schatz.

Die Konfirmationstorte

Am 13. Dezember 1863 wurde Prinz Wilhelm in der Schloßkirche konfirmiert. Als Gedenkspruch wählte er die

Bibelworte »Sei getreu bis in den Tod, so will ich dir die Krone des Lebens geben«. Für den 15jährigen Knaben war die Konfirmation keine bloße Formsache. Wie seine Mutter Katharina und seine Großmutter Königin Pauline war er sehr religiös, keineswegs oberflächlich bigottisch, sondern von tiefempfundener Frömmigkeit, aus der er Kraft und Zuversicht schöpfte. Dabei war diese Frömmigkeit gepaart mit einem heiteren Sinn und einem feinen, mitunter sarkastischen Humor.

Humor würzte auch die Konfirmationsfeier. Dafür sorgte unfreiwillig der Hofkoch. Da er die Lateinkenntnisse des Prinzen bewunderte, wollte er die Konfirmationstorte unbedingt mit einer lateinischen Aufschrift verzieren und bediente sich eines Übersetzers, der die Worte »Engel mögen dich behüten« in die Gelehrtensprache übertragen sollte. Doch der Übersetzer war offenbar nicht so perfekt, denn zum Gaudium der Konfirmationsgäste verkündete die Tortenaufschrift: »Angeli te caveant« – Engel mögen sich vor dir hüten.

Das Vermächtnis des Großvaters

Als sein Enkel im Jahre 1863 konfirmiert wurde, war König Wilhelm I. 82 Jahre alt. Anläßlich dieses Festes überreichte er dem Konfirmanden einen handgeschriebenen Brief, in welchem er ihm die Pflichten eines Monarchen darlegte und ihn auf seine große Verantwortung hinwies, die er dereinst als König für das Land zu tragen habe. Vor allem möge er stets eingedenk sein, daß »der König um des Volkes willen, nicht dieses um des Königs willen« da sei – ein Vermächtnis, an das sich Wilhelm II. stets als Richtschnur seines Handelns hielt.

Wenige Monate später, am 25. Juni 1864, starb Wilhelm I. in seinem Landschloß Rosenstein. Anderntags wurde der Leichnam im Residenzschloß Stuttgart aufgebahrt und in der Nacht vom 29. zum 30. Juni in der Grabkapelle auf dem Württemberg bzw. Rotenberg neben Königin Katharina beigesetzt: bei Nacht und ohne Pomp, wie er es sich gewünscht hatte. Trotzdem säumten Tausende von Menschen den Weg durch Untertürkheim, und alle Häuser trugen Trauerflaggen – ein Leichenzug, eindringlicher und feierlicher als jedes zeremonielle Gepränge.

Zweifellos hat das Vorbild des Großvaters eine wesentliche Rolle bei der Charakterbildung und geistigen Entwicklung des Enkels gespielt, und sicher ist durch das Beispiel Wilhelms I. in dem heranwachsenden Prinzen der Keim zur demokratischen Grundhaltung gelegt worden. König Wilhelm I. war nach einstimmigem Urteil der Historiker einer der fähigsten Monarchen auf dem württembergischen Thron. Wer die fast 50jährige Regierungszeit (1816–1864) des am 27. September 1781 im schlesischen Lubben geborenen Königs freilich mit heutigen Maßstäben betrachtet, muß zwangsläufig zu Fehlurteilen kommen. Württemberg war zur Zeit Wilhelms I. bereits eine Monarchie, in der der König nicht mehr absolutistisch regierte, sondern auf die Emanzipations- und Freiheitsbestrebungen des Volkes durchaus reagierte.

Ein König kämpft um die Pressefreiheit

Einen interessanten Beitrag zum fortschrittlichen Denken Wilhelms I. stellte mir im Mai 1980 der (inzwischen verstorbene) maßgebende Presserechtler Professor Dr. Martin Löffler zur Verfügung:

»In unseren westlichen Demokratien ist eine freie, keiner Zensur unterworfene Presse zur Selbstverständlichkeit geworden. Mit welcher Erbitterung aber jahrelang um die Freiheit von Zensur gerungen wurde, wird dabei leicht vergessen. In Württemberg ergab sich bei diesem Kampf eine ungewöhnliche Frontstellung: Während das Bürgertum in den meisten Staaten Europas die Beseitigung der Zensur im Kampf gegen die etablierte Macht von ›Thron und Altar‹ durchsetzen mußte, stellte sich in unserem Land ein freisinniger König an die Spitze der liberalen Volksbewegung. Seine geistigen und politischen Gegner waren die Großmächte Preußen, Österreich und Rußland, die sich 1815 nach der Niederwerfung Napoleons zur sogenannten Heiligen Allianz zusammengeschlossen hatten. Ihr Ziel war die Sicherung der absoluten Monarchie und die gemeinsame Bekämpfung der neuen Freiheitsideen.

Der fortschrittlich eingestellte Wilhelm I. von Württemberg, der 1816 mit 35 Jahren den Thron bestieg, verband den Mut des in den Napoleonischen Kriegen bewährten Soldaten mit politischem Verstand und der Reife einer aufgeschlossenen, kultivierten Persönlichkeit. Er war entschlossen, den Forderungen der Zeit Rechnung zu tragen. Als erster deutscher Fürst hob er schon bald nach seinem Regierungsantritt durch das ›Gesetz über die Press-Freyheit‹ vom Januar 1817 die seit 300 Jahren bestehende Pressezensur ersatzlos in vollem Umfang auf. Die für seine Zeit kühne Anordnung: ›Es ist erlaubt, alles ohne Censur drucken zu lassen‹, bezeichnete der König in der Präambel des Gesetzes als ›Beweis Unserer Gesinnungen und Unseres Vertrauens, daß diese Freyheit nicht werde mißbraucht werden‹.

Von heute auf morgen fand damit die unrühmliche Tätigkeit des Stuttgarter ›Oberzensurkollegiums‹ ein Ende. Bis dahin war es allen schwäbischen Buchdruckern streng verboten, ohne die Erlaubnis der Stuttgarter Zensoren eine Schrift zu drucken. Zu Ende war auch die Tätigkeit der örtlichen ›Aufseher‹. Ihre Aufgabe war es gewesen, in allen württembergischen Städten, in denen es Buchhandlungen gab, die Einhaltung der Zensurvorschriften zu kontrollieren. So unterlag zum Beispiel dem Druckverbot alles, was geeignet war, ›eine dem obrigkeitlichen Ansehen nachteilige Gemütsstimmung zu erzeugen‹.

Die fortschrittliche Tat König Wilhelms I. brachte Württemberg an die Spitze der liberalen Bewegung im Reich. Stuttgart wurde in jenen Jahren zu einem Mittelpunkt freier Meinungsäußerung in Zeitung und Zeitschrift.

Doch der Gegenschlag ließ nicht lange auf sich warten. Auf Betreiben des österreichischen Staatskanzlers Metternich, des geistigen Führers der Reaktion, beschlossen die Landesfürsten im Sommer 1819 in Karlsbad einschneidende Maßnahmen zur Unterdrückung des liberalen Zeitgeistes. Allen Ländern des Deutschen Bundes wurde die strenge Zensur zur Pflicht gemacht.

Gegen die geschlossene Front der deutschen Fürsten und die Macht der Heiligen Allianz stand der württembergische König auf verlorenem Posten. Trotzdem gab er nicht auf. Er setzte seine Hoffnung auf die russische Verwandtschaft.

Wilhelms Frau, die Großfürstin Katharina, war die Schwester des mächtigen Zaren Alexander I., des Siegers über Napoleon, der schon einmal auf dem Wiener Kongreß schützend die Hand über das Land seines Schwagers gehalten und Württemberg vor der Zerstückelung bewahrt hatte. Diesmal aber versagte der Zar jede Hilfe.

Von allen verlassen, mußte der König die leidige Zensur wieder einführen, aber er beschränkte sie entgegen den Karlsbader Beschlüssen auf Tageszeitungen und ließ sie so lax handhaben, daß der württembergische Gesandte in Wien sich ständigen Rügen und Angriffen von seiten Metternichs ausgesetzt sah.

Doch König Wilhelm scheint denselben Dickschädel gehabt zu haben wie seine Untertanen. Er gab nicht nach und berief sich in Wien auf die neue württembergische Verfassung von 1819, die allen Bürgern Gewissens- und Pressefreiheit garantiere. Hier handele es sich keineswegs um ein einseitiges Gnadengeschenk des absoluten Fürsten an sein Volk, sondern um einen mit den Landständen frei ausgehandelten Vertrag, an den auch der Monarch gebunden sei.

Aber die Geduld der Großmächte war erschöpft. Im April 1823 brachen Preußen, Österreich und Rußland die diplomatischen Beziehungen zu Württemberg ab, und die Gefahr eines Eingreifens des Deutschen Bundes stand im Raum. Weiterer Widerstand war nicht zu verantworten.

Dem standhaften König wurde späte Genugtuung zuteil: Die Pariser Februarrevolution von 1848 hatte in den Ländern des Deutschen Bundes die Wirkung einer Explosion. Die seit Jahrzehnten gewaltsam zurückgestauten politischen Kräfte durchbrachen in Wien und Berlin, am Rhein und an der Elbe zugleich die Dämme. Durch diesen politischen

Sturm erschreckt, beeilten sich die deutschen Fürsten, die beiden Hauptforderungen der Zeit: Volksvertretung und Pressefreiheit – endgültig zu erfüllen. Die vom ganzen deutschen Volk gewählte Nationalversammlung beschloß 1849 in der Frankfurter Paulskirche die ›Deutschen Grundrechte‹, voran die Pressefreiheit. Nicht von ungefähr war Württemberg der erste deutsche Einzelstaat, der den Grundrechten der Paulskirche seine Anerkennung gab.«

Fürwahr ein interessantes Kapitel württembergischer und zugleich deutscher Geschichte, das die Dimensionen begreiflich macht, welche die konstitutionelle Monarchie in Württemberg erreicht hatte, als König Wilhelms I. Enkel Willy geboren wurde.

Student und Soldat

In Tübingen

ls der Prinz 14 Jahre alt war, erhielt er einen militärischen Erzieher, den Hauptmann und späteren General von Linck, der ihm das nötige Fachwissen vermitteln sollte, das Wilhelm, der ja später als König militärischer Oberbefehlshaber sein würde, auch auf diesem Gebiet benötigte. Gleichzeitig wurde er systematisch auf das Hochschulstudium vorbereitet. Mit 17½ Jahren bezog er gemeinsam mit seinem Vetter Herzog Eugen (dem späteren Gemahl der Großherzogin Vera von Rußland) Quartier in der Universitätsstadt Tübingen.

In Tübingen wohnte er keineswegs in einem hochherrschaftlichen Palais, sondern im Haus des Professors Robert Römer. Prinz Wilhelm war ein äußerst fleißiger, pflichtbewußter Student, der seine Kolleghefte mit peinlicher Genauigkeit führte. Seine hohe Intelligenz ermöglichte es ihm, neben rechts- und staatswissenschaftlichen Vorlesungen auch Geschichte, Technologie, Geologie und Chemie zu belegen. Physik und alles Technische interessierten ihn besonders.

Man darf sich jedoch den Prinzen keineswegs als Stubenhocker und streberischen Einzelgänger vorstellen; er nahm am Studentenleben regen Anteil, und da er als junger Bursche blendend aussah, war er ein gern gesehener Gast bei studentischen Veranstaltungen. Als von Kindesbeinen an geübter Reiter liebte er vor allem Ausritte in die schöne Umgebung der Universitätsstadt.

Die unbeschwerte Studienzeit war jedoch allzu schnell vorbei, als 1866 der Krieg zwischen Österreich und Preußen ausbrach, in dem sich die beiden Parteien, vereinfacht ausgedrückt, um Gebietsansprüche in Schleswig-Holstein und Schlesien stritten. Württemberg stand damals auf der Seite Österreichs. Prinz Wilhelm rückte als Leutnant zum 3. württembergischen Reiterregiment ein, dem späteren Ulanenregiment Nr. 20, und machte die Schlacht bei Tauberbischofsheim mit, wo die Württemberger vergeblich versuchten, das Blatt noch einmal zugunsten Österreichs zu wenden.

Bei Tauberbischofsheim erlebte der damals 18jährige Wilhelm am 3. Juli 1866 eine traurige Feuertaufe: Ein neben ihm reitender Generalstabsoffizier wurde von einer Kugel tödlich getroffen. Der Prinz blieb unverletzt.

Göttinger Intermezzo

Der Krieg war gottlob schnell zu Ende, und Wilhelm konnte weiterstudieren. Diesmal nicht in Tübingen, sondern an der preußischen Universität Göttingen, wo er die Fächer Volkswirtschaft, Staats- und Rechtsgeschichte, römisches Recht, Privat- und Handelsrecht sowie Verfassungsgeschichte wählte. Es lag ihm daran, sich möglichst mit allen Fragen vertraut zu machen, mit denen er sich als König würde befassen müssen.

In Göttingen schloß er sich dem Corps Bremensia an und blieb einigen Kommilitonen bis zu ihrem Tod eng verbunden. Manche Kiste Württemberger Wein erreichte sie zu Weihnachten, Geburtstagen oder anderen Gelegenheiten. Mitunter waren die Empfänger vom Flascheninhalt nicht sonderlich angetan, denn der König trank als echter Schwabe trockene Weine, die die Freunde eher als »Säuerlinge« empfanden.

Nach vier Semestern in Göttingen ging der Prinz nach Tübingen zurück, um sich dem Studium speziell württembergischer Rechtsfragen und württembergischer Geschichte zu widmen.

Ein sangesfreudiger Schwabe

Diesmal wohnte der fürstliche Studiosus im Haus des Theologieprofessors Palmer, in dessen Familie viel musiziert wurde. Prinz Wilhelm nahm sich Zeit, neben dem Universitätsstudium seine schöne Baritonstimme ausbilden zu lassen. Seine Gesangslehrerin war Frau Professor Köstlin, die als Komponistin unter dem Namen Josephine Lang bekanntgeworden war. Den Gesangsunterricht setzte er später in Stuttgart bei Alberta Farlesi fort.

Von der Liebe des Prinzen zur Musik profitierten während seiner Regierungszeit nicht nur die königlichen Hoftheater, sondern das ganze kulturelle Leben im Lande. Auch privat wurde bei Hof viel musiziert. Königin Charlotte war ebenfalls sehr musikalisch. Sie hatte eine wohlklingende, ausgebildete Stimme und spielte vorzüglich Klavier. Hauskonzerte, bei denen der König sang und von seiner Frau begleitet wurde, fanden im Wilhelmspalais regelmäßig statt.

In Tübingen schloß sich Prinz Wilhelm übrigens dem Corps Suevia an, und auch zu Kommilitonen aus dieser Studienzeit pflegte er zeitlebens freundschaftliche Beziehungen.

Prinz Wilhelm als Corpsstudent.

Kein Säbelraßler

Nach Beendigung der Studien setzte Wilhelm auf Wunsch König Karls seine militärische Laufbahn fort, obwohl er dazu recht wenig Neigung verspürte. Den Dienst absolvierte er im preußischen Heer. König Karl gab dem Neffen als Begleiter seinen persönlichen Adjutanten Graf Zeppelin mit, den späteren Luftschiffpionier, mit dem Wilhelm fortan eine enge Freundschaft verband. Graf Zeppelin sagte später, ohne die Unterstützung durch den König wäre die Verwirklichung seiner Ideen nicht denkbar gewesen. Nur durch dessen Vertrauen und großzügige finanzielle Hilfe habe er seine Luftschiffe bauen können. So stellte der König das Baugelände für die riesige Halle in Friedrichshafen zur Verfügung.

Am 1. April 1869 wurde Prinz Wilhelm als Oberleutnant ins Garderegiment zu Fuß in Potsdam aufgenommen, und als es 1870 wieder Krieg gab, wurde er dem Hauptquartier der 3. Preußischen Armee zugeteilt. Jetzt kämpften die Württemberger auf der Seite Preußens gegen Frankreich.

Der Krieg endete bekanntlich mit der Wiedergewinnung der Provinzen Elsaß und Lothringen und der Gründung des Deutschen Reiches unter Bismarcks politischer Regie. Am 18. Januar 1871 erfolgte im Schloß zu Versailles bei Paris die feierliche Proklamation König Wilhelms I. von Preußen zum Deutschen Kaiser.

Wie sehr sich der junge Prinz von Württemberg der Leiden des Krieges bewußt war, zeigt ein Brief, den er am 28. Januar 1871 aus Frankreich an seine Mutter schrieb. Er war damals im preußischen Hauptquartier zugegen, als die Waffenstillstandsverhandlungen stattfanden, und hatte dabei folgendes Erlebnis, das ihn so tief bewegte, daß er es sofort seiner Mutter mitteilte.

»Bei den eben stattfindenden Waffenstillstandsverhandlungen ereignete sich eine merkwürdige Geschichte. Der französische General, der Jules Favre (den französischen Außenminister) begleitete, war gestern so schwer betrunken, daß nicht verhandelt werden konnte. Dem Parlamentär-Offizier, welcher die Herren brachte, fiel es schon auf, daß der General nicht allein gehen konnte und von zwei Leuten geführt wurde. Bei Bismarck angekommen, wurde ihnen ein Frühstück angeboten, wobei der General sofort ein Wasserglas mit Kognak austrank. So komisch die Begebenheit klingt, so traurig und unverantwortlich ist sie, wenn man bedenkt, daß vielleicht heute Tausende von Menschen noch ihr Leben lassen müssen wegen der Verzögerung durch diesen unerhörten Zwischenfall.«

Die Schrecken des Krieges standen ihm auch vor Augen, als der Erste Weltkrieg ausbrach und er als König am 2. August 1914 im Hof der Rotebühlkaserne in Stuttgart die Truppen verabschiedete: Die Soldaten sahen ihn weinen.

Herr Prinz aus Württemberg

Nach dem Deutsch-Französischen Krieg von 1870/71 nahm Prinz Wilhelm wieder seinen Dienst im preußischen Heer auf und wurde schließlich Oberstleutnant und Regimentskommandeur der preußischen Gardehusaren. Trotz der Beförderung und persönlichen Wertschätzung, die er in Berlin genoß, behagte ihm die militärische Laufbahn wenig. Deshalb bat er 1875 um seine Entlassung aus preußischen Diensten.

Fünf Jahre später, also 1880, ereignete sich auf einer seiner Reisen nach Berlin folgende Geschichte, die er selbst gern erzählte: Ein sehr wohlhabender Rittmeister namens von K. hatte in Berlin einen weithin berühmten Reitstall und bekam oft Besuch von Pferdeliebhabern. Eines Tages wurde ihm von seinem Diener gemeldet, daß ein Besucher da sei, der ihn sprechen wolle. »Wer ist es denn?« wollte der Rittmeister wissen: »Wie heißt er denn?«

»Das weiß ich nicht.«

»So frag Er ihn!«

Der Diener ging und kam mit der Auskunft zurück, der Fremde heiße Prinz und komme aus Württemberg.

»So, das wird wohl ein Pferdehändler sein. Ich habe jetzt keine Zeit, kann ihn nicht empfangen!«

Der Diener ging, kam aber gleich darauf zurück und vermeldete: »Habe mir alle Mühe gegeben, doch er läßt sich nicht abweisen.« Darauf der Herr von K., der in Berlin als Wohltäter bekannt war: »Ach so ... da – geb Er ihm einen Taler, damit ich meine Ruhe hab'!« Erneut verschwand der Diener, und wieder kam er zurück; diesmal betrat jedoch hinter ihm der fremde Besucher das Zimmer und sagte: »Entschuldigen Sie, Herr Rittmeister, aber ich glaube, hier liegt ein Irrtum vor, ich heiße nicht Prinz, sondern ich bin Prinz Wilhelm von Württemberg und möchte mir gern Ihren berühmten Stall ansehen. Den Taler, den Sie mir schenken ließen, behalte ich aber gern, der bringt mir sicher Glück.«

Erstmals in Italien

Schon lange war es Wilhelms Wunsch gewesen, eine Italienreise zu unternehmen, um die Städte der Kunst und die Schätze antiker Kultur zu sehen. Diesen Traum konnte er sich nach seiner Rückkehr aus Berlin im Jahre 1875 erfüllen. Eine mehrmonatige Bildungsreise führte ihn durch ganz Italien, zwei Monate blieb er in Rom, besuchte Museen und bewunderte Monumente des klassischen Altertums. Er knüpfte auch Kontakte zu deutschen Künstlern und Gelehrten, darunter zahlreiche Württemberger.

Wie sehr er bereit war, Wissenslücken zu füllen, und welche Fähigkeit des Staunes über Großes und Schönes er sich bewahrt hatte, geht aus einem 120 Seiten umfassenden Tagebuch dieser Reise hervor, in dem er seine Eindrücke und Begegnungen festhielt. Das Tagebuch wird im Fürstlich Wiedischen Archiv aufbewahrt.

Aus Italien zurückgekehrt, nahm er wohl oder übel seinen militärischen Dienst wieder auf, denn für ihn als Thronfolger kam – wie er oft bedauernd betonte – ein anderer Beruf nicht in Betracht.

Sein Onkel Karl hatte am 25. Juni 1865 nach dem Tod König Wilhelms I. die Regierung übernommen. König Karl war selbst noch ein junger Mann, von dem eine lange Regierungszeit zu erwarten war. Wilhelm empfand für ihn eine tiefe Zuneigung, und es war keine höfliche Floskel, sondern aufrichtig gemeint, wenn er seinem Onkel »von Herzen ein langes Leben« wünschte.

Im Frühjahr 1877 heiratete Prinz Wilhelm die 17jährige Prinzessin Marie von Waldeck-Pyrmont.

Die Frau seiner Träume

Prinz Wilhelm war nun 28 Jahre alt, und nicht nur seine nächste Verwandtschaft, sondern ganz Württemberg wartete voller Ungeduld auf eine baldige Heirat. Im September 1876 fand er endlich die Frau seiner Träume. Es war die anmutige 17jährige Prinzessin Marie von Waldeck-Pyrmont, die er im Februar 1877 heiratete.

Das Paar wohnte zunächst im Kronprinzenpalais in Stuttgart. Das vornehme Gebäude, das einst wesentlich zur Geschlossenheit des Stuttgarter Schloßplatzes beigetragen hat, wurde im Zweiten Weltkrieg 1944 zerstört.

Bald nach der Hochzeit kaufte das junge Paar in Ludwigsburg ein Haus, das die Prinzessin ganz nach ihrem Geschmack umbauen und gemütlich einrichten ließ. Es war kein prunkvolles Palais, sondern ein Gebäude bürgerlichen Zuschnitts. Manche zu Reichtum gelangten Bürger hatten damals bereits viel prächtigere Häuser.

Fürstliche Mitfahrgelegenheit

1877 wurde Prinz Wilhelm Oberst der Kavallerie und Kommandeur des Ulanenregiments Nr. 20 in Ludwigsburg. Er fühlte sich aber weiterhin am wohlsten in Zivilkleidung. In Zivil fuhr er auch meist nach Stuttgart, wo er immer häufiger von seinem kränkelnden Onkel Karl zu Regierungsgeschäften und Repräsentationsaufgaben herangezogen wurde.

Eines Abends fuhr er wieder mit seiner zweispännigen Kutsche nach Hause, nach »Marienwahl«, wie das neue Heim in Ludwigsburg nach seiner jungen Herrin hieß. Da holte er auf der Straße bei Kornwestheim einen jungen Soldaten ein, der rannte, was die Beine hergaben, denn es war bald Zapfenstreich und der Weg zur Kaserne noch weit. Der fremde Herr mit der Kutsche erschien dem Soldaten wie ein rettender Engel, und er fragte, ob er mitfahren könne. Selbstverständlich durfte er aufsteigen, und er trieb den Herrn immer wieder zur Eile an, um das Kasernentor ja rechtzeitig zu erreichen. Man sprach miteinander über dies und jenes, dem jungen Burschen tat es wohl, dem freundlichen Fremden die Kümmernisse des Soldatenlebens anvertrauen zu können. Da war auch schon die Kaserne in Sicht! Erst als vom Wachtposten das Kommando zum Präsentieren ertönte, merkte der treuherzige Fahrgast, wem er seine Pünktlichkeit verdankte.

Die Majestätsbeleidigung

Das Verständnis des Königs für seine Soldaten beleuchtet auch eine Episode, die sich im Ersten Weltkrieg zugetragen hat. Ihr Hauptakteur war ein Waiblinger Original namens Ernst Lauer, der zu den württembergischen Pionieren gehörte, die monatelang am Hartmannsweiler Kopf im Elsaß lagen, wo sie den Berg mit Stollen unterminiert hatten. Eines Tages wurde der eintönige, zermürbende Dienst unter Tage durch eine Königsparade unterbrochen, weil Wilhelm II. die Truppen besuchte. Frühmorgens mußten sich die Soldaten auf dem Paradefeld aufstellen. Dort hatte man Pflöcke eingeschlagen, die durch eine Schnur miteinander verbunden waren. Wozu diese Schnur diente und was geschah, lassen wir am besten den Waiblinger selbst erzählen:

»Da hent mir müessa onsere Zaihe nastelle, mr hent arg lang warte müessa. No isch endlich en ganzer Haufe hohe Herre komme, elle in Uniform. I ben für en Schwob zemlich graoß, ond deswege so e Art Fliegelmann gwea, ganz vorne beim Leutnant. Wia no dr Haufe bei ons vorbeikomme isch, frogt mi doch dr Karle nebe mer: ›Ernscht, well isch jetzt au dr Keenich?‹ En dere Situatio koscht doch net lang schwätze! So han i gsait: ›Dr Dickscht da vorn!‹ – Des mei Leutnant höra ond mi azeiga wege Majeschtätsbeleidigung isch ois gwea. I hätt solle deswega en dr Bau. Do han i gsait: ›Deswega gang i net en dr Bau, des stimmt!‹ – ›Ja, dann müssen Sie ein Gnadengesuch beim König stellen‹, hot's do ghoißa, on des han i gmacht.

Noch e paar Wocha hot's ghoißa: ›Pionier Lauer fährt mit Leutnant ... ins Königsquartier zur Audienz wegen seines Gnadengesuchs.‹ Do hot mi müassa dr gleich Kerle von Leutnant wia en Herra zur Audienz chauffiera. Dort hent mr lang warta müassa, und uf amol send die graoße Fliegeldiera ufganga ond dr ganz Haufa isch en Saal neiganga. Dr Keenich mit seine Mandr isch no au zo mir komma ond hot gfrogt: ›Na, Pionier, was hat Er denn auf dem Herzen?‹ No han i em älles uf guet Schwäbisch so gsait, wie's gwea isch. No hot dr Keenich glacht und hot gsait: ›Das stimmt, und deshalb braucht Er von mir aus nicht in den Bau! Laß Er sich ein gutes Essen hier geben, die Sache ist erledigt.‹ Ond mei Leutnant hat vielleicht glotzt ond hot mi wieder fahra müessa wia en Herra.«

Ein volksnaher Monarch

Der Ulanen-Hermann

ine weitere Geschichte über das Verhältnis des Königs zu seinen Untertanen und den Soldaten im württembergischen Heer betrifft einen gewissen Hermann Münzmaier aus der Mirabellenstraße 3 in Stuttgart-Obertürkheim. Der war mächtig stolz, als er zu den Königsulanen in Ludwigsburg eingezogen wurde, die damals während ihrer dreijährigen Dienstzeit viele Mädchenherzen höher schlagen ließen, weil sie mit ihren Epauletten und dem Helmbusch besonders fesch aussahen. Als der junge Münzmaier zwei Jahre gedient hatte, wurde sein Rittmeister Adjutant bei König Wilhelm II. und nahm ihn als Burschen mit nach Stuttgart. Dort war er für das Pferd des Rittmeisters verantwortlich und mußte sich manchmal auch um das Pferd Seiner Majestät kümmern. Oft durfte er an der Seite des Königs durch die Anlagen reiten. Wenn außer dem Ulanen niemand am Ausritt teilnahm, forderte der Landesvater seinen Begleiter auf: »Münzmaier, reit Er neben mir!«, und fragte ihn nach den Lebensumständen in Obertürkheim und den Neckarvororten, nach Wald und Feld, nach den Weinbergen und ihrem Ertrag. Er wollte alles aus erster Hand wissen, nicht bloß aus Berichten seiner Beamten und aus den Zeitungen. Obertürkheim interessierte ihn deshalb besonders, weil es zum ältesten Besitz des Hauses Württemberg gehörte.

Zwölf Jahre später, als der König während des Ersten Weltkriegs die württembergischen Truppen in Frankreich besuchte, bemerkte er den Ulanen-Hermann aus Obertürk-

Ein volksnaher Monarch 49

*Gruppenbild mit Hofbediensteten.
Der königliche Arbeitgeber genoß bei seinen
Bediensteten große Zuneigung. Noch bis vor
wenigen Jahren trafen sich einige regelmäßig, um
Erinnerungen an die Zeit im Wilhelmspalais
auszutauschen.*

heim unter den Soldaten eines Kavallerieregiments. Das ganze Protokoll, soweit unter diesen Umständen überhaupt noch daran zu denken war, geriet durcheinander, weil sich der königliche Oberbefehlshaber lange Zeit mit Hermann Münzmaier über Stuttgart unterhielt. Bei der Verabschiedung gab er ihm einen goldenen Uhrkettenanhänger zum Andenken an diese Begegnung und an frühere Zeiten. Eine Seite des Anhängers zeigte das Porträt Wilhelms II., auf der

Rückseite stand »Zur Erinnerung an meine Dienstzeit«. Der Ulanen-Hermann hat dieses Kleinod zeitlebens in Ehren gehalten, und in späteren Jahren gab es im Kreis seiner Freunde immer wieder den Anlaß zu Gesprächen über »den guten König«.

Ernst im Glück

Mit Obertürkheim hat auch die nächste Geschichte etwas zu tun. Dort nämlich lebte ein Junge namens Ernst Pfeiffer, der seinen Vater verloren hatte. Da die Mutter für mehrere Kinder sorgen mußte, war die Not in der Familie groß, und Ernst zermarterte sich den Kopf, wie er helfen könnte. Plötzlich kam ihm der Gedanke: Überall sagt man, daß der König so ein guter Mann sei, vielleicht hilft er uns.

Als er eines Tages hörte, daß der Monarch wieder in Bebenhausen sei, wo man ihn vielleicht eher sprechen könne als in Stuttgart mit den vielen Hofbeamten, nahm er seinen ganzen Mut zusammen und machte sich an einem Sonntag frühmorgens auf den Weg. Er ging barfuß, um die Schuhsohlen zu schonen, die Schuhe hängte er an den zusammengebundenen Schuhnesteln über die Schulter; er konnte schließlich nicht mit bloßen Füßen vor dem König erscheinen, noch dazu, wenn sie durch den langen Marsch schmutzig sein würden.

Als er nach vielen Stunden fast schon am Ziel war, begegnete er im Wald einem feinen Herrn, der ihn fragte, wohin er unterwegs sei. Der Junge gab höflich Bescheid, und der fremde Spaziergänger wollte teilnahmsvoll Näheres wissen. Nun erzählte Ernst Pfeiffer von den Sorgen seiner Mutter um das tägliche Brot, und daß er es kaum erwarten könne, bis er mit seiner Lehre als Eisengießer fertig sei, um mit zum Unterhalt der Familie beizutragen. Ob er denn neben seiner Lehre nicht manchmal etwas dazuverdiene, fragte der Herr. »Doch, doch«, beteuerte der Junge, »ich helfe schon, im Herbst gehe ich immer in die Obertürkheimer Kelter zum Traubentreten.«

Der freundliche Herr ging nun mit raschen Schritten seines Weges, der Junge aber setzte sich ein paar Minuten auf eine Bank und zog seine Schuhe an, um dann ausgeruht und zuversichtlich die letzte Strecke zum Jagdschloß zurückzulegen.

Er war ganz überrascht, als man ihn dort freundlich empfing; er brauchte gar nicht viel zu erzählen, denn man wußte schon alles: Der vornehme Spaziergänger, dem er sein Herz ausgeschüttet hatte, war nämlich kein anderer als der König selbst gewesen.

Ernst kam sich vor wie im Märchen. Er spürte kaum mehr seine Müdigkeit und vergaß die schmerzenden Füße, als er viele Stunden zurück nach Obertürkheim lief, wo seine Mutter mit Bangigkeit wartete. Es war schon Nacht, als er ankam und ihr überglücklich erzählte, daß sie nun jeden Monat 20 Goldmark aus der königlichen Privatschatulle bekommen werde. Das war zu jener Zeit viel Geld und befreite die Familie von den größten Sorgen.

Im Herbst, als die Traubenernte eingefahren wurde, besuchte der Monarch die Obertürkheimer Kelter und fragte auch nach dem jungen Pfeiffer. Ja, der Junge sei da, sagte der Kellermeister, und er zeigte auf eine Gruppe von Leuten, die mit Traubentreten beschäftigt waren. Da wußte der König, daß die Goldstücke gut angelegt waren.

Ein kapitales Mißverständnis

Neben Reiten war die Jagd eine große Liebhaberei des Landesfürsten. Einst zeigte er in Bebenhausen einem Gast seine zahlreichen Trophäen, darunter ein paar abnormal gewachsene, mächtige Hirschgeweihe. Der Gast staunte so sehr über diese ungewöhnliche Sammlung, daß er immer noch in sie vertieft war, als der König bereits weitergegangen war und vor den Ahnenbildern des Hauses Württemberg stand. Plötzlich rief der etwas schwerhörige Gast mitten in des Königs Erklärung der Ahnenporträts hinein: »Welch eigenartige Abnormitäten!«

Drei Fürsten und ein Gaul

Im Herbst 1907 war der König beim Herzog von Mecklenburg-Strelitz in dessen Jagdschloß zu Gast. Als ihn der Herzog mit dem Auto durch den Wildpark kutschierte, erschrak ein vor einen Bauernwagen gespanntes Pferd über den Lärm des neumodischen Fahrzeugs derart, daß es umfiel. Hilfsbereit richteten der Herzog, sein Sohn und der König von Württemberg das Tier mit vereinten Kräften wieder auf, während der Bauer seelenruhig auf dem Wagen sitzen blieb.

»Diesmal ist es ja noch gutgegangen«, meinte der Herzog, »nun können Sie erzählen, daß gleich drei Fürsten Ihrem Gaul auf die Beine geholfen haben.« »Mien leew Herr, dat hatten See ruhig bliewen latten künnen«, antwortete der Bauer, »wenn so'n ool Ding ankümmt, denn föllt dee Schimmel ümmer üm, hee stieht awer nahsten ook ganz von sülwen wedder up.«

Ein volksnaher Monarch 53

*Wie fast alle württembergischen Regenten war
König Wilhelm ein leidenschaftlicher Jäger. Der
Schönbuch war sein beliebtestes Revier.*

Die Schützenwurst

Der König war ein sehr guter Schütze und verkehrte oft und gern – wie übrigens viele Angehörige des Hauses Württemberg – bei den Schützengesellschaften. Auch beim Einweihungsschießen der Schützengesellschaft Tübingen war er Gast, und gleich sein erster Schuß traf ins Schwarze. Dafür erhielt er das übliche »Trefferzeichen«, das ihm der Schreiber des Schießstandes, ein Unteroffizier, an die Brust heftete. Da meinte der König lachend: »Das ist ja großartig. Es ist das erste Mal, daß der König von einem württembergischen Unteroffizier einen Orden verliehen bekommt.«

Die Stuttgarter Schützengilde erfreute sich ebenfalls häufig des Besuchs des Königs und der Königin. Die Schützengilde ist übrigens der älteste Stuttgarter Verein; sie besteht ununterbrochen seit ihrer Gründung im Jahre 1500.

Den Besuchen des Königs bei der Schützengilde verdanken wir die Schützenwurst. Aus folgendem Grund: Den Schützen war bekannt, daß Seine Majestät eine Vorliebe für schwäbische Gerichte hatte und sehr gern rote Würste aß. Jedesmal, wenn sein Besuch angesagt war, bestellten sie deshalb bei einem Metzger besonders saftige, dicke rote Würste, die sie dem König kredenzten, und jedesmal ließ er sie sich gut schmecken.

Viele Pokale und sonstige wertvolle Geschenke des Königs und früherer württembergischer Regenten werden von der Schützengilde heute noch sorgsam verwahrt und bei festlichen Gelegenheiten ausgestellt.

Schwäbische Vesper

Rote Wurst und Kartoffelsalat aß der König so gern, daß er sie bei jeder sich bietenden Gelegenheit genoß. Einer seiner Freunde war Fritz Hoffmeister, Inhaber der Kunsthandlung Louis Rath in der Marienstraße. Der König besuchte ihn öfter, und immer freute er sich auf sein Leibgericht. Ein Mitarbeiter Hoffmeisters, der Vergoldermeister Karl Illg, holte nämlich stets aus einer nahen Gaststätte drei Portionen rote Wurst mit Kartoffelsalat und drei Halbe Bier, dann wurde zu dritt gevespert.

Bei Hof, also im Wilhelmspalais, war es üblich, daß jeder, der zwischen den Hauptmahlzeiten etwas essen wollte, auf einem hierfür bestimmten Zettel der Küche seinen Wunsch mitteilte. Eine Enkelin des königlichen Hofökonomierats besitzt noch einen solchen Bestellzettel; darauf ist vermerkt, daß der König zum Vesper eine Portion Liptauer Käse wollte. Es war der häufigste Wunsch, den er hatte.

Ein liebevoller Familienvater

Hochzeitsglocken

enn man all die Anekdoten liest, könnte man glauben, das Leben Wilhelms II. habe sich bis zu seiner Abdankung im November 1918 immer auf der Sonnenseite abgespielt. Doch weit gefehlt; Freud und Leid lagen auch bei ihm eng beieinander.

Prinz Wilhelm war ein sehr gutaussehender junger Mann, und die Mädchenherzen flogen ihm zu. Er ließ sich jedoch viel Zeit für die Heirat. Eine nur aus dynastischen Gründen geschlossene Ehe ohne Liebe kam für ihn nicht in Frage. Aber auch auf dieses Häfele paßte ein Deckele, wie es im Schwäbischen so schön heißt. Im September 1876 wurde er zu einem Besuch ins Schloß Seefeld am Schweizer Ufer des Bodensees eingeladen. Das Anwesen gehörte seiner Mutter. Dort lernte er seine erste Frau kennen, die damals 17jährige Prinzessin Marie von Waldeck-Pyrmont, ein reizendes Geschöpf von ernstem Wesen, in das er sich auf den ersten Blick verliebte. Auch sie wurde von Gott Amor sofort mitten ins Herz getroffen, und schon am 18. November bat der Prinz bei ihren Eltern auf Schloß Arolsen im Norden Hessens um ihre Hand. Am 15. Februar 1877 wurde Hochzeit gefeiert.

Wie üblich, fand dieses Fest im Hause der Brauteltern statt, und die Bewohner der württembergischen Haupt- und Residenzstadt mußten sich mit dem feierlichen Einzug der Neuvermählten in Stuttgart begnügen. Dafür jubelten sie um so überschwenglicher, als die Neuvermählten unter

Glockengeläut eine Rundfahrt mit der Kutsche durch die Stadt machten.

Am 22. Februar, eine Woche nach der Hochzeit in Arolsen, kamen sie am frühen Nachmittag mit dem Sonderzug in Stuttgart an. Prinzessin Katharina, die Mutter des Bräutigams, war ihnen bis Ludwigsburg entgegengefahren. Vom Bahnhof aus, der damals noch nahe dem Schloßplatz in der heutigen Bolzstraße stand, ging die Fahrt zunächst ins Neue Schloß, wo Königin Olga das Prinzenpaar begrüßte. Wie fast immer bei derlei festlichen Ereignissen, wurde der Tag mit einer Serenade des Stuttgarter Liederkranzes beendet.

Kurzes Glück

Zunächst wohnte das Prinzenpaar, wie schon erwähnt, im Kronprinzenpalais in Stuttgart. Die Wohnung wurde auch beibehalten, nachdem am 22. Mai 1878 das eigene Heim in der Eglosheimer Straße in Ludwigsburg bezogen worden war. Vor allem wegen der am 19. Dezember 1877 geborenen Tochter Pauline bevorzugten die Eltern im Sommer den Aufenthalt außerhalb der schon recht umtriebig gewordenen Residenzstadt.

Im Winter hielt sich die kleine Familie ganz gern in Stuttgart auf, und Prinzessin Marie machte es ab und zu auch Freude, an der Seite ihres Mannes Repräsentationspflichten zu übernehmen. Sonst widmete sie sich mit großer Hingabe der Fürsorge für kranke und behinderte Mädchen. Für sie hatte Marie zusammen mit ihrem Mann aus Spenden, die ihnen zur Hochzeit zugeflossen waren, in Ludwigsburg das Maria-Martha-Stift gegründet, das an ihrem 19. Geburtstag,

*Wilhelm II. und Charlotte hoch zu Roß vor
Marienwahl. Der Sommersitz in Ludwigsburg
war nach Marie, der ersten Gemahlin Wilhelms,
benannt.*

dem 23. Mai 1879, eingeweiht wurde. Ihr Mann gründete als Ergänzung dazu das Wilhelmstift für gebrechliche Knaben, aus dem später das Charlottenstift hervorging.

Das Glück des Paares war vollkommen und wurde am 28. Juli 1880 noch gekrönt durch die Geburt eines Stammhalters, der die Namen Christoph Ulrich Ludwig erhielt. Sein Rufname war Ulrich. Das ganze Volk freute sich mit den Eltern, und man hielt nun die Thronfolge in Württemberg auch in der nächsten Generation für gesichert.

Freud und Leid in Marienwahl

Der kleine Ulrich gedieh prächtig, und mit Vorfreude auf das Weihnachtsfest wurde Anfang Dezember wieder die Winterwohnung im Kronprinzenpalais bezogen. Am Nachmittag des 25. Dezember fuhr die Prinzessin nach Ludwigsburg, um bei einer Weihnachtsfeier im Maria-Martha-Stift die Kinder zu bescheren. Der kleine Ulrich war bei der Abfahrt munter und schien ganz gesund. Als sie wenige Stunden später zurückkehrte, fand sie das Kind schwer erkrankt. Der Arzt diagnostizierte heftigen Brechdurchfall.

Drei Tage später, am 28. Dezember, war Ulrich tot. Am Silvestertag 1880 wurde er beerdigt. Um das Grab sooft wie möglich besuchen zu können, wurde der kleine Leichnam nicht in der Ludwigsburger Fürstengruft, sondern auf dem dortigen städtischen Friedhof beigesetzt. Das Grabkreuz entwarf die untröstliche Mutter selbst. Noch fassungsloser war der Vater. Er schrieb damals in einem Brief an einen ihm nahestehenden Herrn, der kondoliert hatte: »Mit meinem kleinen Ulrich habe ich ein Stück des eigenen Herzens zu Grabe getragen. Nur wer einen solchen Leidenskelch leeren mußte, vermag zu ermessen, welche Wunde dem Vaterherzen durch den Tod eines teuren Kindes geschlagen wird, eine Wunde, die nie vernarben kann. Es war ein ungewöhnlich kräftiger Knabe, der noch den Weihnachtsabend blühend mit uns und seinem Schwesterchen feiern durfte, am andern Tag wurden wir jäh aus der Festesfreude durch die tödliche Erkrankung gerissen. Menschlichen Trost gibt es da nicht, aber warme Teilnahme tut wohl.«

Der Kelch des Leidens, den das Schicksal für den Prinzen im privaten Bereich bereithielt, war jedoch noch nicht bis

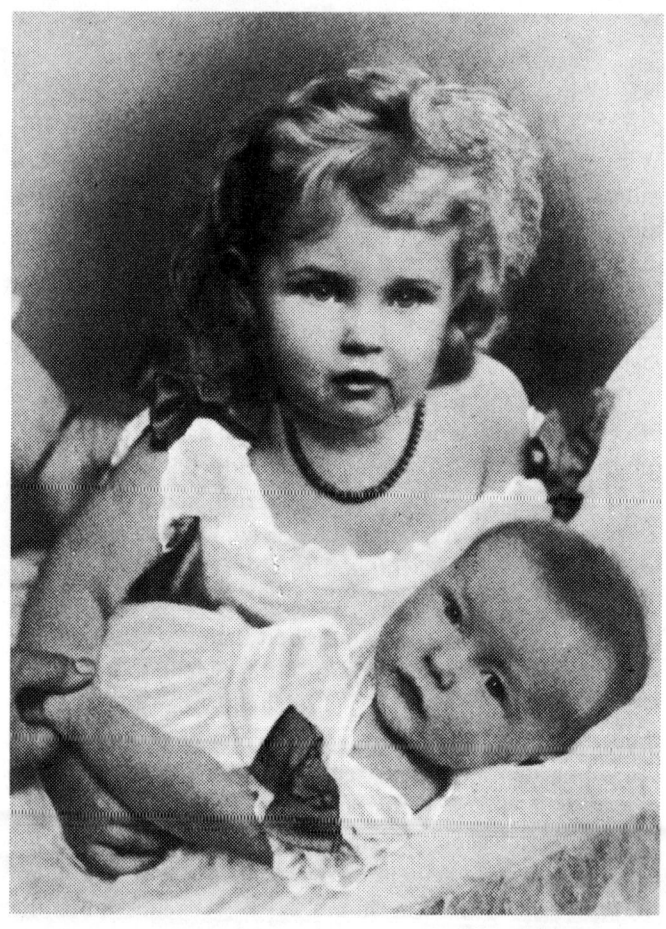

*Prinzessin Pauline 1880 mit Brüderchen Ulrich,
der im Alter von nur fünf Monaten starb.*

zur Neige geleert. Nach Verwandtenbesuchen und Erholungsreisen fühlte sich das Ehepaar seelisch und körperlich allem Anschein nach wieder gekräftigt. Der Winter 1881 wurde im Kronprinzenpalais verbracht, und im März 1882 kehrte man nach Marienwahl zurück. Die Prinzessin erwartete ihr drittes Kind. Am 27. April wurde sie nach einer sehr schweren Geburt von einem toten Mädchen entbunden, und drei Tage später starb auch sie. Am 2. Mai 1882 wurde sie in Ludwigsburg neben ihrem Söhnchen unter dem von ihr selbst entworfenen Kreuz beerdigt.

Für Prinz Wilhelm brach eine Welt zusammen, er hatte keinen Lebensmut mehr, und seine Umgebung machte sich ernste Sorgen um ihn. An dem Verlust der geliebten Frau und des Söhnchens hat er zeitlebens schwer getragen. Sein einziger Trost war nun das Töchterchen Pauline. Bis zu seinem Tode hat er das Grab auf dem Ludwigsburger Friedhof sehr häufig besucht und, sooft es nur möglich war, Maiglöckchen niedergelegt; sie waren Maries Lieblingsblumen.

Arbeit als Medizin

Die Fürsorge für sein Töchterchen und die alltägliche Arbeit konnten jedoch den Schmerz nicht lindern. Der aktive Militärdienst war ihm jetzt so verleidet, daß er seinen Onkel um Entlassung bat.

Um über sein Leid hinwegzukommen, suchte er Trost in intensiver geistiger Arbeit und begann erneut zu studieren. Im Hinblick auf seine kommende Aufgabe wollte er sich noch stärker in die Rechtspflege und die Regierungsgeschäfte des Landes Württemberg einarbeiten. Sein Lehrer

*Verlobungsbild von Prinz Wilhelm und
Prinzessin Charlotte zu Schaumburg-Lippe.*

war diesmal einer seiner Jugendfreunde, der damalige Landrichter in Heilbronn und spätere Justizminister Schmidlin. Der Richter bezog eine kleine Wohnung im Nebengebäude von Marienwahl und hielt dem Prinzen vormittags Vorlesungen über Öffentliches Recht, Gemeindegerichte, Gerichtsverfassung und andere spezifisch württembergische Gesetze und Einrichtungen. Prinz Wilhelm schrieb wie bei einem richtigen Universitätskolleg alles mit und ließ sich bei der nächsten Vorlesung abhören. Die Vorlesungen wurden selbst bei einem Erholungsurlaub in Montreux am Genfer See nicht unterbrochen. Auch Gerichtssitzungen in Strafsachen besuchte der Thronfolger. Die Vorlesungen dauerten bis Juni 1883.

Nunmehr vertrat Wilhelm seinen Onkel sehr häufig ganz offiziell in Staatsgeschäften. Im Winter 1883/84 begann König Karl immer stärker zu kränkeln, und auch Aufenthalte im Süden brachten ihm keine Linderung mehr.

Eine Königin für Württemberg

Drei Jahre waren seit dem Tod der geliebten Frau vergangen. Durch die Arbeit war der Witwer zwar abgelenkt, und seine körperliche Verfassung wurde allmählich besser. Von vielen Seiten wies man ihn nun darauf hin, daß er als Thronfolger endlich an eine neue Ehe denken solle. Auch in der Bevölkerung wurde dieser Wunsch immer lauter. Doch der Prinz konnte sich nicht dazu entschließen. Im Jahre 1885 schrieb er an seinen Jugendfreund Dr. Gantter:

»Ich habe nie aus den Augen verloren, was ich meiner Stellung als Prinz und meinem Lande schuldig bin; aber ich bin mit meiner ersten Gemahlin zu glücklich gewesen, als daß ich mich durch eine Konventionalheirat für den Rest meines Lebens unglücklich machen möchte. So viel kann selbst einem Prinzen nicht zugemutet werden. Ich will meinem Lande nicht das Beispiel einer kalten, liebeleeren Ehe geben! Ich denke zu hoch und heilig von diesem Stande, um ihn in solcher Weise entweihen und mich selbst dadurch erniedrigen zu wollen.«

Doch bald fand er die Richtige: Prinzessin Charlotte zu Schaumburg-Lippe. Sie war am 10. Oktober 1864 auf Schloß Ratiboritz in Nachod/Böhmen geboren und sehr vielseitig gebildet. Ihr Interesse galt ebenso den Geisteswissenschaften wie der Kunst. Sie spielte ausgezeichnet Klavier, hatte eine schöne, geschulte Stimme und war sehr naturliebend und sportlich. Wandern, Reiten, Schlittschuhlaufen, Rodeln und Kutschieren machten ihr großen Spaß. Zudem hatte sie ein ausgeprägtes soziales Empfinden, so daß ihr schon in Nachod die Herzen vieler Menschen zugeflogen waren. Sie war also wie geschaffen für den damals 38jährigen Prinzen Wilhelm von Württemberg, mit dem sie so viele gemeinsame Interessen verbanden.

Die Hochzeit fand am 8. April 1886 nicht in Nachod statt, das damals zu Österreich gehörte (seit 1918 zur neu gegründeten Tschechoslowakei), sondern bei ihrem Onkel in Deutschland im Stammschloß der Fürsten zu Schaumburg-Lippe in deren Residenzstadt Bückeburg.

Das elterliche Schloß von Prinzessin Charlotte in Nachod hat übrigens Bezug zur Geschichte des Dreißigjährigen Krieges. Es gehörte nämlich vor den Schaumburg-Lippe der Gräfin Terzky (Trčka) und wurde 1634 vom österreichischen Kaiser dem General Oktavian Piccolomini geschenkt – Namen, die aus Schillers »Wallenstein« bekannt sind. König Wilhelm II. war ein großer Verehrer Friedrich Schillers; sicher hat er sich mit seiner Frau oft über die Geschichte des Schlosses unterhalten.

Frau mit großem Herzen

Als der Prinz seinem Onkel König Karl am 10. Januar 1886 die Verlobung mit der 21 jährigen Prinzessin Charlotte von Nachod aus bekanntgab, schrieb er unter anderem: »Ich habe die feste Überzeugung gewonnen, daß meine Wahl zum Besten der Familie, des Vaterlandes und insonderheit meiner Tochter gereichen wird, und somit empfehle ich aus vollem Herzen die junge Prinzessin der Gnade und dem Wohlwollen Ew. Majestät.«

König Karl und Königin Olga sandten zur Hochzeit am 8. April folgendes Telegramm an die Eltern der Braut: »Unserer unvergeßlichen Marie erfüllte Wilhelm einen letzten Wunsch. Mögen ihre Gedanken von oben herab segnend walten über Wilhelms Ehe und über unser Paulinchen, der ich anempfahl, recht brav zu sein.«

Charlotte wurde der Stieftochter eine liebevolle Mutter, an der das Mädchen zärtlich hing, und sie wurde nach der Heirat Paulines mit dem Erbprinzen zu Wied auch deren beiden Söhnen eine heißgeliebte Großmutter.

Prinz Wilhelm hatte Charlotte schon 1884 kennengelernt. Sie war eine Cousine des Herzogs Eugen von Württemberg, mit dem er in Tübingen und Göttingen studiert hatte. Diesmal war es keine Liebe auf den ersten Blick wie bei Prinzessin Marie, aber je länger Prinz Wilhelm Charlotte kannte, um so mehr wurde er sich bewußt, daß sie eine würdige Nachfolgerin seiner ersten Frau war und der ganzen Familie Wärme und Geborgenheit geben konnte. So wurde auch die zweite Ehe auf der Basis menschlicher Wertschätzung und gegenseitigen Vertrauens gegründet, wie er es sich gewünscht hatte.

Welch außerordentliche Frau muß Prinzessin Charlotte gewesen sein! Welch großes Herz und Einfühlungsvermögen muß sie gehabt haben!

Deshalb wollen wir ihr, die dem König bis zu seinem Tod treu zur Seite stand, in ihrer neuen Heimat viele segensrei-

Der König an seinem Schreibtisch. Er schrieb sehr viel und sehr schön, und zwar noch in der damals üblichen Deutschen Schrift.

che, bis heute bestehende Einrichtungen geschaffen hat und im Dienst der Nächstenliebe unermüdlich tätig war, ein Kränzlein der Erinnerung winden.

König Wilhelm führte mit Charlotte, wie viele Zeugen berichten, 35 Jahre lang eine harmonische Ehe. Aber die Erinnerung an seine erste Frau, die ihm nach so kurzem Glück jäh entrissen worden war, ließ ihn nicht los. Sooft er nur konnte, besuchte er ihr Grab, und jedesmal brachte er ein paar Efeuzweige mit nach Hause. Auch zwei Wochen vor seinem Tod zog es ihn noch an dieses Grab.

Charlotte respektierte das verklärte Bild der ersten himmelstürmenden Liebe ihres Mannes und verletzte seine Empfindungen nie. In bewundernswerter Feinfühligkeit war sie sich bewußt, daß das Band, das sie vereinte, von anderer Art war und dadurch keinen Schaden nahm. Eine weniger starke Persönlichkeit als sie hätte sich vielleicht in Eifersucht gegen die erste Frau verzehrt und dieses Gefühl an der Stieftochter ausgelassen.

Hinzu kam, daß Prinzessin Charlotte anfangs im Schwabenland recht kühl aufgenommen wurde, ja bei vielen sogar auf Ablehnung stieß. Zwar hatte man sie bei ihrem Einzug in Stuttgart freudig begrüßt, doch man verglich sie immer mit ihrer Vorgängerin, deren früher Tod die Gemüter sehr bewegt hatte, und man schien es ihr persönlich übelzunehmen, daß der ersehnte Thronerbe ausblieb. Die Gerüchteküche begann zu brodeln, es wurde gemunkelt, die Prinzessin wolle wieder heim nach Nachod. Schließlich nahm der Klatsch solche Formen an, daß die seelische Belastung für das Ehepaar unerträglich wurde. Lästermäuler behaupteten, die Ehe zwischen den beiden bestünde nur auf dem Papier. Wie sehr Prinz Wilhelm durch diese Gerüchte bedrückt wurde, geht aus einem Brief vom 29. Juni 1886 an seinen Jugendfreund Dr. Gantter hervor, in dem er diesen um Rat bittet, was er unternehmen solle. In dem Brief heißt es unter anderem:

»... Ich habe eine zu hohe Auffassung von der Ehe und dem häuslichen Familienleben, um deren öffentliche Behandlung für zulässig zu halten. Ich würde glauben, mich selbst zu beflecken, wenn ich diesen Schmutz überhaupt in die Feder fließen ließe. Natürlich halte ich daher auch jede Betonung, daß die Gerüchte nicht nur jeder Begründung, sondern sogar jeden Scheingrundes entbehren, für unter meiner Würde. Gottlob ist größeres Unheil durch die verständige Auffassung und das edle Urteil meiner Frau abgewendet worden, aber eine bittere Erfahrung bleibt es, daß in meinem Vaterlande böse Zungen wagen durften, meine Mannesehre in den Schmutz zu ziehen und einer jungen Frau in ihrer neuen Heimat solchen Kummer zu bereiten.«

Der Freund riet – und Prinz Wilhelm nahm den Rat an –, auf solche Gerüchte überhaupt nicht zu reagieren, im Vertrauen darauf, daß die Lästermäuler von selbst verstummen würden. Das geschah dann auch nach einiger Zeit, und im Juli 1892, ein Jahr, nachdem der Prinz die Thronfolge angetreten hatte, erwarb sich die junge Königin endgültig die Achtung selbst der oberflächlichsten Klatschbasen: Als sie am 1. Juli von Marienwahl zur Villa Berg fuhr, um Königin Olga, die Witwe König Karls, zu besuchen, brach kurz vor dem Ziel die Hinterachse ihres Wagens. Dabei fiel der Kutscher vom Bock und wurde ein Stück mitgeschleift. Die zügellosen Pferde wurden immer wilder, eine Katastrophe schien unausweichlich. Da kniete Charlotte geistesgegenwärtig nieder, setzte einen Fuß auf den Wagentritt, ergriff blitzschnell die schleifenden Zügel und brachte die Kutsche

*Wilhelm II. und Charlotte vor dem Wilhelmspalais,
das damals noch von viel Grün umgeben war.*

zum Stehen. Ganz Württemberg war voller Bewunderung für die mutige junge Königin.

Bedauerlicherweise sind die seinerzeitigen Klatschgeschichten auch später noch ungeprüft kolportiert worden. Selbst in einem 1988 in Stuttgart erschienenen Buch wird über Königin Charlotte gelästert: Sie sei kühl, kontaktarm, auf Distanz zum Volk bedacht gewesen und »im Schwabenland eine Fremde geblieben«. Der Autor bezeichnet sie gar als »Württembergs ungeliebte Königin«, eine »lebenshungrige Frau«, die »in der Rolle einer Landesmutter eine Fehlbesetzung« gewesen sei.

Kalt und auf große Distanz bedacht war Königin Charlotte jedenfalls nicht. Man erzählt sich von ihr, daß sie oft und gern spontane Besuche machte. In Friedrichshafen würzte sie die Aufenthalte meist mit Ausflügen in die umliegenden Dörfer, wo sie sich vom Schultheiß den Ort zeigen ließ. Bei einer dieser Besichtigungen fiel ihr im Hinterhof eines bäuerlichen Anwesens ein kleines Häuschen auf. Nun muß man sich vergegenwärtigen, daß es zu jener Zeit Kühlschränke und andere Kühlanlagen, wie wir sie heute besitzen, noch nicht gab. In Stuttgart kühlten zum Beispiel die Brauereien das Bier in »Eiskellern«, für die sie das Eis unter anderem aus dem im Winter oft zugefrorenen Anlagensee holten. Die Bauern kühlten Milch und Butter meist im Brunnen oder, jahreszeitlich bedingt, ebenfalls mit Eis. Als die Königin das Häuschen sah, fragte sie beiläufig: »Und das ist wohl ein Eishäuschen?« Der Kammerherr, der Charlotte begleitete, erstarrte fast vor Schreck: Was würde der Schultheiß antworten? Würde er wohl die drei fehlenden Buchstaben ungeniert ergänzen? Aber der Schultes sagte: »Noh na g'rote, Majeschdet.«(Nahe dran geraten ...)

Das soziale Betätigungsfeld Charlottes war außerordentlich groß. Sie setzte bis zu ihrem Tod das von Prinzessin Marie gegründete Maria-Martha-Stift in Ludwigsburg fort, und die Wernersche Kinderanstalt war ihr ebenso ans Herz gewachsen wie das Charlottenstift für verkrüppelte Mädchen. Nicht weniger als 32 Werke der Nächstenliebe, von der Diakonissenanstalt bis zum Roten Kreuz, erfreuten sich ihrer tätigen und finanziellen Unterstützung. Wie König Wilhelm war auch sie eine tiefgläubige Christin. Dem Gustav-Adolf-Werk der Evangelischen Landeskirche fühlte sie sich besonders verbunden.

Während des Ersten Weltkrieges übernahm sie persönlich die Leitung des Roten Kreuzes und hat unermüdlich in Lazaretten gearbeitet. Einmal steckte sie sich trotz Schutzimpfung bei ihrer Schwesterntätigkeit an, als sie in einem Lazarett auf einer Typhusstation Dienst tat. Zum Glück konnten ihr die Ärzte helfen.

Der Ausbau des Schulwesens war ihr ein großes Anliegen. Auf ihre Initiative hin entstand in Stuttgart unter anderem ein Mädchengymnasium, das noch heute ihren Namen trägt. Die ersten Abiturientinnen lud sie allesamt ins Wilhelmspalais ein, um das große Ereignis mit ihnen zu feiern.

Königliche Pateneltern

An der Einweihung neuer Gotteshäuser nahm Charlotte regen Anteil. Beim ersten Kind, das in einer Kirche getauft wurde, übernahm sie die Patenschaft und hielt es in der Regel selbst über den Taufstein. Sie hatte überhaupt zahlreiche Patenkinder, denn es war üblich, daß der König beim sie-

*Königin Charlotte um 1930/35. Sie starb 1946
im Alter von 82 Jahren in Bebenhausen.*

benten Sohn und die Königin bei der siebenten Tochter einer Familie Paten waren. Die Majestäten faßten dies keineswegs als bloße Formsache auf, der sie mit einem vorgedruckten Schreiben Genüge taten, sondern sie schenkten ihren Patenkindern immer etwas zur bleibenden Erinnerung und hielten mit manchen jahrelang Kontakt. Die Unterlagen über die königliche Patenschaft bewahrten die »Patenkinder« auch als Erwachsene sorgfältig auf und waren, wie es ein zu Amt und Würden gekommener Herr 1980 in einem Brief ausdrückte, »immer auch ein bißle stolz darauf, solch einen Paten gehabt zu haben«.

Eine Patentochter der Königin, geboren 1918, schrieb am 30. September 1981 aus Pforzheim, sie habe bei ihrer Patin Charlotte, damals schon verwitwet und als Herzogin zu Württemberg im Klosterschloß Bebenhausen wohnend, an ihrem sechsten Geburtstag einen Besuch machen dürfen. Zu ihrer Konfirmation 1932 bekam sie ein Gesangbuch mit Widmung, vorauf sie »sehr, sehr stolz« gewesen sei. Als sie in Bebenhausen einen Besuch abstattete, um sich für das Geschenk zu bedanken, schenkte ihr die Herzogin ein goldenes Kettchen mit einem Aquamarinanhänger, den sie seitdem als Talisman trägt. Die Dame, die natürlich Charlotte heißt wie fast alle Patenkinder der Königin, stammt nicht etwa aus einem hochadeligen Haus; ihr Vater war Sattlermeister in Renningen.

Die Hilfsbereitschaft für Kranke und sozial Schwache behielt Charlotte auch nach der Abdankung ihres Mannes bei. Man sah sie in den Nachkriegsjahren im Wald oft Tannenzapfen sammeln, die für eine kranke alte Frau bestimmt waren, welche diese mühselige Arbeit nicht mehr selbst leisten konnte. In den Notzeiten nach dem Ersten Weltkrieg dienten Tannenzapfen vielfach als Brennmaterial.

Herzogin Charlotte starb am 16. Juli 1946 im Alter von 82 Jahren. Noch einmal mußte sie einen Krieg mit all seinen Schrecken und der Not der Zivilbevölkerung erleben, und sie verlor auch ihre alte Heimat Nachod, als die deutsche Bevölkerung aus der Tschechoslowakei vertrieben und ihr Besitz enteignet wurde.

Charlotte von Schaumburg-Lippe, die 35 Jahre lang als Gemahlin Wilhelms II. von Württemberg und 25 Jahre als seine Witwe zu diesem Land gehörte, hat fürstlichen Glanz erlebt und die Tiefen menschlichen Lebens und Leidens durchschritten. Ihr Leichnam wurde an der Seite ihres Mannes und dessen erster Frau Marie auf dem Ludwigsburger Friedhof beigesetzt. Es war eine schlichte Totenfeier, von der kaum jemand im Land Notiz nahm. Zeitungen gab es im Juli 1946 nur vereinzelt; in den zerbombten Städten herrschten Hunger und Not. Da kämpfte jeder seinen eigenen Kampf ums Überleben. An die einstige fürsorgliche Landesmutter, Württembergs letzte Königin, erinnerte erst anläßlich ihres 10. Todestages ein Artikel in den »Stuttgarter Nachrichten«.

Bei den einstigen Patenkindern wurde (und wird) übrigens das Andenken an den König und die Königin hochgehalten: 1981 noch gab es auf der Solitude ein »Patenkindertreffen«. Der älteste Teilnehmer war 1893, die jüngste Teilnehmerin 1920 geboren.

Ein Patensohn aus Ditzingen wollte seinerzeit unbedingt einen Handwerksberuf erlernen, fand aber keine Lehrstelle und wandte sich deshalb an seinen »Patenonkel« um Hilfe. König Wilhelm sorgte für eine gute Lehrstelle und zahlte für den mittellosen Knaben 100 Mark Lehrgeld. Auch der Bürgermeister ließ sich nun nicht lumpen und zahlte 100 Mark, so daß der Vater, der eine große Familie zu ernähren hatte, nur noch den Rest von 100 Mark zu zahlen brauchte. In jener Zeit mußten bekanntlich die jungen Leute, die etwas lernen wollten, ihrem Meister Lehrgeld zahlen.

Aus dem Lehrling aus Ditzingen ist ein guter Handwerksmeister geworden, wie überhaupt alle Jungen und Mädchen aus Familien mit zehn oder noch mehr Kindern tüchtige und angesehene Leute geworden sind, obwohl sie meist unter wirtschaftlich schwierigsten Bedingungen aufwuchsen. Und bei denen, die aus wohlhabenderen Familien stammten, galt wie bei ihrem hochgestellten Patenonkel der Grundsatz: Was du ererbt von deinen Vätern hast, erwirb es, um es zu besitzen!

's Königs Päule

Pauline, die im Volksmund meist nur »'s Königs Päule« genannt wurde, war der Augapfel ihres Vaters, ein lebendes Bindeglied zu seiner verstorbenen ersten Frau. Trotzdem wurde sie nicht verzogen, sondern sollte so natürlich wie möglich aufwachsen. In Marienwahl hatte sie ein kleines Gärtchen, das sie eifrig pflegte, sie liebte handwerkliche Arbeit wie ihr Vater und war eine ebenso große Pferdeliebhaberin wie er. Kostspielige Geschenke bekam sie nicht. Zu Weihnachten gab es Springerle und andere Gutsle, einfaches Spielzeug, Bücher und dergleichen.

Der Vater bemühte sich, das Kind zu sozialem Verhalten, Verantwortungsbewußtsein und Hilfsbereitschaft gegen jedermann zu erziehen, indem er selbst mit gutem Beispiel voranging. Einmal praktizierte er allerdings diese Hilfsbe-

*Prinzessin Pauline, die Tochter Wilhelms II.,
wurde in der Bevölkerung nur »'s Königs Päule«
oder »'s Goldköpfle« genannt.*

reitschaft am falschen Objekt. Auf einem Spaziergang von Ludwigsburg nach Neckarweihingen sah er im Straßengraben einen anscheinend ohnmächtigen Mann liegen, dessen Frau sich vergeblich bemühte, ihn wieder auf die Füße zu stellen. Der König eilte mit Pauline herbei und fragte, was denn passiert sei, ob er helfen könne. »Was wird scho passiert sei«, sagte die Frau, »an Rausch hat er wieder, die Sau!« – Worauf sich der König mit dem Kind schleunigst entfernte.

Pauline erhielt Zeichen- und Malunterricht von einer damals allgemein bekannten Blumenmalerin, Frau Dorn. Zu jener Zeit waren Radiergummi noch nicht gebräuchlich, man radierte mit frischem Brot. Manchmal ging das Zeichnen so gut vonstatten, daß längere Zeit nicht radiert werden mußte. Als es wieder einmal lang gedauert hatte, bis die Prinzessin radieren mußte, hatte sie den »Radierer« in Gedanken aufgegessen.

Als Pauline schon älter war, durfte sie mit ihrem Vater an einer Treibjagd im Schönbuch teilnehmen. Nach der Jagd wurde mit allen Treibern aus den angrenzenden Gemeinden in einem Gasthaus gefeiert. Der Schultes von Herrenberg saß neben dem König. Im Laufe der Unterhaltung bemerkte der Fürst: »Herr Schultheiß, das dort drüben ist meine Tochter.« Der Schultes sagte darauf mit anerkennendem Blick zum »Päule«: »E stramms Mensch!«

Früher – es ist erst ein paar Jahrzehnte her – trugen die Bauersfrauen, die in Rohracker oder Sillenbuch Äcker mit Beerenobst hatten, ihre Ernte in »Krätten« auf dem Kopf oder am Rücken hinunter in die Stadt. Einmal schnaufte solch eine Beerenfrau von Rohracker hinauf zur »Stelle« im Wald hinter der Geroksruhe. Dabei ging an einem Schuh der

Schnürsenkel auf, was den Gang noch beschwerlicher machte. Oben an der »Stelle« begegneten ihr zwei spazierende Damen, und die Beerenfrau bat die eine: »Oh, wäret Sie so guet und tätet mir den Schuhbändel knüpfe, er isch mir aufgange und i kann mi mit meim Krätte uffm Kopf net bücke.« Die Angesprochene tat ihr den Gefallen, die Frau bedankte sich, und ehe sie sich auf den Weiterweg hinunter nach Stuttgart machte, sagte die andere der beiden Spaziergängerinnen: »Wissen Sie auch, wer Ihnen den Schuhbändel geknüpft hat? Das war die Tochter vom König.«

Alten Stuttgartern dürfte bekannt sein, weshalb die »Stelle« diesen Namen hat. Dort stellten die Frauen ihre Lasten auf einer hohen Steinbank ab und ruhten sich auf einer niedrigeren Bank daneben aus. Einzelne Bänke sind heute noch vorhanden, auch in Richtung Sillenbuch.

Eines Tages spazierte die Prinzessin über den Hof des Ludwigsburger Schlosses. Als der wachhabende Unteroffizier bemerkte, daß der Posten keine Anstalten machte, vor ihr zu präsentieren, versuchte er, den Soldaten möglichst unauffällig mit Blinzeln und »Pst-Pst« auf Pauline aufmerksam zu machen. Der Soldat kannte aber die junge Dame nicht und verstand das Blinzeln und »Pst-Pst« völlig falsch. Er ging auf die Prinzessin zu und sagte: »Sie, Fräule, Sie sollet au a bißle zom Onteroffizier nomkomma.«

Im Jahre 1879 hatte Pauline zunächst eine Engländerin als Erzieherin, 1882 wurde sie dem vorher in Paris tätig gewesenen Fräulein Johanna Bethe anvertraut. Eines Tages wurde Fräulein Bethe zu einem offiziellen Essen ins Wilhelmspalais eingeladen, und sie kaufte sich für diese Gelegenheit extra ein Paar schicke schwarze Lackschuhe. Weil sie während des Essens ein Schuh schier unerträglich drückte, zog sie ihn unter dem Tisch aus. Plötzlich bemerkte sie, daß irgend etwas um ihre Füße herumkrabbelte, und sie witterte sogleich einen Schabernack von Ali und Rubi. Doch sie bemühte sich vergeblich, den Schuh wieder anzuziehen. Da wandte sie sich an einen Lakai, er solle schleunigst und möglichst diskret nach dem Schuh greifen. Aber der Hund hatte ihn sich schon geschnappt; er glaubte, der Lakai wolle mit ihm spielen, und rannte fröhlich um den Tisch herum, ohne das schöne Stück herzugeben. Die arme wohlerzogene Erzieherin erstarrte vor Schreck, die ganze Gesellschaft einschließlich des Königspaares lachte aber so herzlich, daß sie bald mitlachte.

Die Thronbesteigung

Doch wir sind der Zeit weit vorausgeeilt.

König Karl, der schon seit Mitte der achtziger Jahre sehr krank war, starb am 6. Oktober 1891 im Alter von knapp 69 Jahren. Prinz Wilhelm hatte ihn schon seit 1887 in Regierungsgeschäften offiziell vertreten und wurde nun sein Nachfolger. Am 6. Oktober richtete er »an das Württemberger Volk« die erste Erklärung. Sie lautete: »Auf den Thron meiner Vorfahren berufen, habe ich die Regierung im Aufblick auf Gottes Hilfe übernommen, der mir Kraft geben möge, nach innen wie dem Reiche gegenüber die königlichen Pflichten zu erfüllen, die sein Wille mir auferlegt. Im Aufsehen auf ihn verspreche ich, die Verfassung des Landes getreu zu wahren, Frömmigkeit und Gottesfurcht zu pflegen, den Armen und Schwachen ein warmer Freund und Helfer, dem Rechte allezeit ein eifriger Hüter zu sein und meine Stellung als Regent des deutschen Staates in unerschütterlicher Treue zu den Verträgen, die unser großes deutsches Vaterland begründeten, wahrzunehmen.«

Dann sprach er seine Zuversicht aus, daß das »Bewußtsein gegenseitiger vertrauensvoller Liebe« zwischen ihm und dem Volk die Grundlage für eine gedeihliche Regentschaft bilden werde.

In seiner ersten Thronrede bei der Eröffnung des Landtags am 28. Oktober 1891 bezeichnete er den »besonnenen Fortschritt« als bestimmendes Leitmotiv für sein künftiges Handeln. Diesem »besonnenen Fortschritt« ist er in den 27 Jahren, die er dem Land als konstitutioneller Monarch vorstand, stets treu geblieben.

Der erste Bürger seines Landes

Feierlichkeiten anläßlich der Thronbesteigung, wie sie zum Beispiel in England üblich sind, gab es nicht. Die württembergischen Könige trugen auch nie eine Krone. Krone und Zepter wurden nur bei der Aufbahrung der toten Herrscher und bei der Landtagseröffnung gezeigt. Die Königinnen trugen ihre Kronen und Kronjuwelen bei festlichen Anlässen. Wer diese Kostbarkeiten heute sehen will, braucht nur in das Württembergische Landesmuseum im Stuttgarter Alten Schloß zu gehen, dort ist der württembergische Kronschatz ausgestellt.

Das Leben am Hofe war sehr einfach. Der König residierte nicht im Neuen Schloß, sondern wohnte im Wilhelmspalais, das er 1878 von seiner Tante Prinzessin Marie geerbt hatte. König Wilhelm I. hatte das Palais nach den Plänen des Florentiner Baumeisters Giovanni Salucci in den Jahren 1834 bis 1840 für die beiden Töchter aus der Ehe mit Großfürstin Katharina von Rußland errichten lassen. Doch nur Marie hat es bewohnt, ihre Schwester Sophie heiratete den holländischen Kronprinzen, bevor der Bau fertig war; sie wurde 1849 Königin der Niederlande – eine hochgebildete Frau, die mit vielen Gelehrten ihrer Zeit in regem Gedankenaustausch stand.

Die Einrichtung des Wilhelmspalais' schien manchen Nichtschwaben beinahe zu einfach, aber die Württemberger liebten ihren König auch oder gerade wegen seines schlichten Auftretens.

Das Wilhelmspalais vor der Zerstörung im Zweiten Weltkrieg. In dem wiederaufgebauten Gebäude befindet sich heute die Stadtbücherei.

*Der Schloßplatz in Stuttgart um die Mitte des
19. Jahrhunderts: Links das einstige Hoftheater,
das in der Nacht zum 20. Januar 1902
abbrannte. In der Mitte des Platzes die
Jubiläumssäule mit der Konkordia, im
Hintergrund das Neue Schloß.*

Das Neue Schloß diente während der Regierung Wilhelms II. nur Repräsentationszwecken. Dort wurden fürstliche Besucher wie der Kaiser, die Großherzogin von Toskana und ähnlich hohe Herrschaften untergebracht. Auch Feste wurden dort gefeiert. Besonders glanzvoll waren die Opernbälle, zu denen bis zu 700 Gäste geladen waren. Als Vertreter der Stadt nahmen stets der Oberbürgermeister und der Bürgerausschußvorsitzende daran teil. Die Auffahrt der elegan-

ten Opernballbesucher war natürlich für die Stuttgarter jedesmal ein großes Spektakel.

Ein Beispiel für einen der vielen privaten Besuche im württembergischen Königshaus: Am 5. Januar 1912 kamen der befreundete Großherzog Friedrich Franz IV. von Mecklenburg-Schwerin und seine Frau Alexandra nach Stuttgart. Zum Empfang erschienen auch Oberbürgermeister Lautenschlager und Bürgerausschußobmann Dr. Erlanger am Bahnhof. Die Gäste wohnten im Neuen Schloß. Schon am Abend ihrer Ankunft wurde im Hoftheater eine Festvorstellung gegeben, tags darauf unternahm der König mit dem Großherzog eine Fahrt durch den Rotwildpark, während die Königin mit der Großherzogin das Säuglingsheim im Olgaspital und das »Museum für Vaterländische Altertümer« besuchte. Am Nachmittag schlossen sich ein Ausflug zum Gestüt Weil und eine Besichtigung der Daimler-Werke in Untertürkheim an.

Seinen Ausklang fand der Tag mit einer Galatafel im Weißen Saal des Residenzschlosses. Schon gegen 11 Uhr nachts – nach dem Galadiner – schlug für die hohen Herrschaften aus Mecklenburg-Schwerin die Stunde des Abschieds. Der Großherzog hatte allerdings diesmal das Großkreuz des Ordens der Württembergischen Krone als hochwillkommenes Andenken an Stuttgart mit im Gepäck.

Sprach der König schwäbisch?

Wie wir gesehen haben, war Wilhelm II. durch und durch Schwabe, ein rundum gebildeter, gescheiter Mann. Er sprach perfekt Englisch und Französisch, las fließend lateinische Autoren – doch sprach er auch Schwäbisch? Keine Frage, werden die Leser denken. Aber manch einer, der den Monarchen bei offiziellen oder privaten Anlässen reden hörte, empfand seine Sprache als »preußisch gefärbtes Hochdeutsch«.

Nun wissen wir aber auch, daß Prinz Wilhelm in Stuttgart geboren wurde, ein schwäbisches Kindermädchen und schwäbische Lehrer und Erzieher hatte, mit schwäbischen Kindern lernte und spielte und mit Originalschwaben zeitlebens Umgang pflegte. Trotzdem war die Beobachtung preußischer Anklänge in der Sprache sicher nicht falsch.

Prinz Wilhelm stand ja als Offizier längere Zeit in preußischen Diensten und hat vier Semester an der preußischen Universität Göttingen studiert.

Leider gibt es keine Schallaufzeichnungen einer Rede des Königs, wie sie beispielsweise vom österreichischen Kaiser Franz Joseph bestehen. Man ist also auf mündliche und schriftliche Überlieferungen angewiesen, und die gingen zum Glück so zahlreich ein, daß zweifelsfrei feststeht: Der König beherrschte selbstverständlich den schwäbischen Dialekt; er war sozusagen im Deutschen »zweisprachig«. Das Schwäbische lag ihm so am Herzen, daß er den Bestand dieses unerschöpflichen, einzigartigen Wortschatzes sichern und erhalten wollte. Deshalb regte er das berühmte »Schwäbische Wörterbuch« von Hermann Fischer an. Das Monumentalwerk ist von 1904 bis 1924 erschienen, ein Ergänzungswerk kam 1936 heraus. »Der Fischer« ist heute eine begehrte Kostbarkeit.

Prälat Dr. Hoffmann, der Seelsorger des Königs, der besonders häufig mit ihm zusammenkam und einer seiner engen Vertrauten war, berichtet, Wilhelm II. habe »eine besondere Freude am urwüchsigen und ausgeprägten Schwabentum und seiner Ausdrucksweise« gehabt.

Fräulein Natalies Federhut

Eine köstliche und besonders überzeugende Geschichte zu diesem Thema steuerte Frau Hedwig Munz bei:

»Es wurde schon oft gefragt, ob König Wilhelm II. schwäbisch gesprochen habe. Dazu will ich folgende wahre Begebenheit erzählen: Als meine Mutter 19 Jahre alt war – sie wurde 1877 geboren –, half sie im väterlichen Musikgeschäft in der Hauptstätter Straße mit, dessen Inhaber mein Großvater L. Jakob war. Eines Tages kam ein berittener Kurier und sagte, mein Großvater solle ins Schloß kommen und dem König eines der neuen Grammophone vorführen. Mein Großvater, ein bescheidener Mann, war sehr erschrokken und sagte zu meiner Mutter Natalie, sie solle doch diesen Auftrag ausführen. Meine Großmutter, die gelernte Hutmacherin war, nähte meiner Mutter flux einen schönen Hut mit einer Feder darauf, damit die Tochter ja recht gut gekleidet bei Hof erscheine. Dann ging meine Mutter ins Palais, nachdem ein Grammophon durch die Roten Radler dorthin geschickt worden war.

Während meine Mutter in einem Vorzimmer wartete, bis sie beim König vorgelassen wurde, kam die Königin vorbei und fragte: ›Was macht Sie da?‹ Meine Mutter antwortete mit großem Hofknicks, sie warte auf den König wegen der Vorführung eines Grammophons. Bald kam ein Kammerherr, öffnete zwei Flügeltüren, und meine Mutter wurde zum König geführt. Gleich wurde ein ›Frühstück‹ mit Krebsen auf einem Teewagen hereingebracht und serviert. Der König forderte meine Mutter auf, sie solle zugreifen. Da sie aber nicht wußte, wie man Krebse ißt, sagte sie: ›Nach Ihnen, Majestät.‹ Auf diese Weise konnte sie sehen, wie der König sich mit den Krebsen anstellte und tat es ihm nach. Als der Kammerherr hinausgegangen war, sagte der König: ›So, jetzt schwätzet mir schwäbisch.‹

Plötzlich fiel ihm sein Zwicker herunter. Meine Mutter bückte sich und stieß dabei mit dem Kopf Seiner Majestät zusammen, worauf Wilhelm II. ausrief: ›Au, hend Sie aber en Schwobaschädel!‹ Dabei kam die Hutfeder einer Kerze zu nahe und fing Feuer. Der König sprang auf, riß geistesgegenwärtig die Decke von einem kleinen Tisch und warf sie meiner Mutter über den Kopf, um das Feuer zu ersticken. Gleich darauf lüftete er das Tuch und fragte besorgt: ›Lebet Se noch?‹ Der Kammerherr stürzte herein – wo es denn brenne? Da sagte Seine Majestät: ›Fräulein Jakob brennt‹

und versprach meiner Mutter eine neue Feder für den Hut. Sie lehnte aber dankend ab: ›Die hebe ich mir als Andenken auf.‹

Nach der Grammophonvorführung wurde meine Mutter in der Hofkutsche mit zwei livrierten Dienern ins Geschäft zurückgefahren, und bald erzählten sich sämtliche Bewohner in der Gegend die Neuigkeit, daß 's Jacobs Natalie mit der Hofkutsche nach Hause gefahren worden sei. Mein Großvater wurde dann der erste königliche Hoflieferant.«

Ein Zeugnis für Wilhelms II. urwüchsiges Schwabentum lieferte auch Herr Eugen F. G. Er fand im Nachlaß seiner 1879 geborenen Mutter ein Mundartgedicht, das sie bis ins hohe Alter in geselliger Runde vorzutragen pflegte:

Dr Wangener Wengertschütz

Onserm Keenich und seim Päule
isch emol a Stroich passiert,
als se einscht bei schönschtem Wetter
send bei Wanga romspaziert.

's Päule trug no kurze Röckla
ond war ihres Vaters Freud.
Dene zwoi war's doch am liebschta
ganz elloi, weg von de Leut!

Oba ronter von de Wengert
send se gschtiaga, na ens Tal,
hent dia Trauba still bewundert
ond des schöne Neckertal.

Zmol schtoht em a Wengertwegla
grad als wia a greller Blitz
vor dem Stadtherrn ond seim Mädle
der bekannte Wengertschütz.

»Könnet ihr denn no net leasa?«
donnert dear den Herre a.
»Dort uff deara graossa Dafel
schtoht's doch, glotzet na!

Ihr send doch koi Eigetemer,
wahrlich, i hätt graossa Luscht
ond dät Euch uff's Amt mitneahma,
denn bei mir wird nix verduscht.

Heidabomba, do goht's abe –
hent'r mi verschtanda jetzt?«
said'r nachdrucksvoll zom Keenich,
der sich freundlich widersetzt.

's Päule, de wird bloich vor Schrecka,
ond dr Keenich dreht no om,
blos dr Schütz stapft wia a Herrscher
weiter durch dia Wengert rom.

Dort begegnet eahm dr Schreiner,
der schreit schau vo weitem her:
»Denk no, grad begegnet mr dr Keenich
ond's Prinzeßle, so a Ehr.«

»Waas, dr Keenich?« Bloich vor Schrecka,
stiert dr Schütz den Schreiner a.
»Mointscht den Herra mit dem Mädla?
No isch's aus, der zeigt me a.«

Zo seim Weib eilt er em Jammer.
»Weib, i komm om Amt ond Brot.«
Sait's ond schau schtoht draus dr Büttel,
der zom Schultes ihn gebot.

»O des Oglück, o des Oglück!«
heult sei Weib eahm henta drei,
ond om Fürbitt glei eizleagat,
wankt se au zom Schultes nei.

»Jakob«, said dr Schultes freundlich,
»onser Keenich zahlt et karg,
für dei treie Pflichterfüllung
schickt er dir do zwanzig Mark.«

Paulines Hochzeit

Prinzessin Pauline verlobte sich am 20. März 1898 mit dem Erbprinzen Friedrich zu Wied, dem ältesten Sohn des Fürsten Wilhelm zu Wied in Neuwied am Rhein und der Prinzessin Maria der Niederlande. Der Bräutigam war Königlich Preußischer Leutnant des 3. Garde-Ulanen-Regiments in Potsdam, bei dem auch König Wilhelm gedient hatte.

Endlich stand den Stuttgartern eine Fürstenhochzeit ins Haus! Die Stadtgarten-Gesellschaft eröffnete den Reigen der Festlichkeiten in Stuttgart am 7. Juni mit einem glänzenden Gartenfest. Der Stadtgarten war bis zum Zweiten Weltkrieg eine wunderschöne Anlage inmitten der Stadt, ein Treffpunkt gepflegter Geselligkeit, woran sich viele ältere Stuttgarter noch mit Wehmut erinnern. Die Hochzeit fand am 29. Oktober statt. Aus dem ganzen Land trafen Sonderzüge im Stuttgarter Hauptbahnhof ein, denn jeder, der es

*Prinzessin Pauline als Braut. Sie heiratete am
29. Oktober 1898 in Stuttgart den Erbprinzen
Friedrich zu Wied.*

einrichten konnte, wollte das Ereignis miterleben. Viele auswärtige Fürsten waren als Hochzeitsgäste geladen. Besondere Aufmerksamkeit erregte die junge Königin Wilhelmina der Niederlande. An allen Häusern flatterten Fahnen in den gelb-schwarzen Farben des Königshauses und den schwarz-roten des Landes Württemberg.

Die Ziviltrauung wurde vom württembergischen Minister für Familienangelegenheiten, Dr. Freiherr von Mittnacht, im Wilhelmspalais vollzogen, anschließend fand im großen Marmorsaal des Neuen Schlosses die kirchliche Trauung statt, zu der auch die Vorstände der bürgerlichen Kollegien eingeladen waren. Nachdem das Brautpaar die Ringe gewechselt und Garnisonspfarrer Blum den Segen erteilt hatte, zeigten Feuerwerksraketen die vollzogene Trauung an. Darauf verkündeten die Glocken aller Stuttgarter Kirchen und Kanonendonner von den Höhen das freudige Ereignis. Das Hochzeitsmahl für die geladenen Gäste wurde im Weißen Saal des Neuen Schlosses serviert.

Wie bei ihrem Vater war auch die Verbindung der Prinzessin eine Liebesheirat. Am Hof König Wilhelms II. ging es so menschlich zu, daß die einzige Prinzessin ihre Wahl frei treffen konnte und sich ihren Bräutigam nicht aus einem regierenden Fürstenhaus aufzwingen lassen mußte. Das ganze Land, vor allem die Residenzstadt, feierte die Hochzeit durch einen großen Veranstaltungsreigen mit. Die Krone der Huldigungen war ein Festspiel der Offiziere des Königlich Württembergischen Armeekorps, das am 29. Oktober im Leibstall-Reithaus aufgeführt wurde. Die Offiziere hatten sich dafür eine Folge charakteristischer Bilder ausgedacht, die das württembergische Heer vom Jahre 1638 an bis zur Regierung Wilhelms II. darstellte. Alle Mitwirkenden waren in historische Kostüme der jeweiligen Epoche gekleidet und mit entsprechenden Waffen der Zeit ausgerüstet. Jedes Regiment hatte einen bestimmten Zeitraum zu gestalten, entweder wurde Bezug auf seine Gründungszeit genommen oder ein besonderes Ereignis seiner Geschichte herausgestellt. Zum Beispiel zeigte das erste Bild die württembergische Garde zu Fuß aus dem Jahre 1638, das heißt die Gründung des I. Infanterieregiments, der ersten regulären Truppe im damaligen Herzogtum und späteren Königreich Württemberg. Den Schluß bildete der Aufmarsch sämtlicher Gruppen als Huldigung an das Hochzeitspaar. Am nächsten Tag wurde das Festspiel nochmals für das allgemeine Publikum gegeben. Die Reithalle war bis auf den letzten Platz gefüllt, und alle waren begeistert von den prächtigen Uniformen und der Dressur der Pferde. Der Reinerlös kam wohltätigen Zwecken zugute.

Fünf Tage nach der Hochzeit wurden den Neuvermählten in Anwesenheit des Königs und der Königin im Marmorsaal des Neuen Schlosses die Hochzeitsgeschenke übergeben. Die Reihenfolge der Überbringer war genau festgelegt, aber keineswegs so, daß der Adel zuerst und die Bürger zuletzt kamen. Zuerst überreichten Vertreter der Stadt Stuttgart einen kostbaren, vom Hofjuwelier Föhr gefertigten Tafelaufsatz, dann folgten Abordnungen der Städte Württembergs, anschließend der Reihe nach einzelne Personengruppen, die der Braut verbunden waren; schließlich Behörden, Firmen, die Frauen der Staatsbeamten, nach ihnen adlige Damen, dann eine Frauengruppe aus Ludwigsburg, wo ja die Braut – neben Stuttgart – im Haus Marienwahl aufgewachsen war. Der Schwäbische Frauenverein, der Frauenbazar für Kunst und Gewerbe, das Katharinen- und das Olgastift, der

Katharinenverein zur Bekleidung armer Leute, der Jungfrauenverein der Methodisten in Württemberg, Schwestern vom Kloster Untermarchtal und viele andere Gratulanten überbrachten Geschenke. Am nächsten Tag wurden alle Gaben zur Besichtigung ausgestellt – für viele Bürger eine willkommene Gelegenheit, nicht nur die Geschenke, sondern auch das Neue Schloß von innen zu sehen.

Der Stuttgarter Liederkranz, der im 19. Jahrhundert im kulturellen Leben der Stadt eine große Rolle spielte, ehrte das Brautpaar am Hochzeitstag mit einem Konzert schwäbischer Volkslieder, die älteren Schüler aller Schulen zogen mit Fackeln zum Wilhelmspalais, die Stuttgarter Schützengilde huldigte dem jungen Paar mit einem Festschießen, an dem 200 Schützen aus dem ganzen Land teilnahmen, das Schwimmbad neben der Liederhalle gab am Abend des Hochzeitstages sämtliche sogenannten Volksbäder gratis ab – kurzum, alle wetteiferten in dem Bemühen, die Königshochzeit so schön wie möglich zu gestalten.

Königin Charlotte gab auch minderbemittelten Kindern die Möglichkeit, an der Festesfreude teilzunehmen. Sie ließ den Knaben und Mädchen sämtlicher »Rettungs- und Erziehungsanstalten für hilfsbedürftige Kinder« sowie den Insassen der Waisenhäuser und den Besuchern der Stuttgarter Kinderküchen – insgesamt etwa 2000 – auf ihre (privaten) Kosten ein Festmahl servieren.

Damit war für einige Jahre Schluß mit Festlichkeiten dieser Art. Die Zwillingstöchter der Herzogin Wera von Württemberg, geborene Großherzogin von Rußland, heirateten zwar nacheinander die beiden Brüder von Königin Charlotte, aber deren Hochzeit wurde jeweils in der Villa Berg, dem Wohnsitz der Brautmutter, im kleineren Rahmen gefeiert. Herzogin Wera war bei ihrer Tante Königin Olga wie eine eigene Tochter aufgewachsen. Sie vermachte die Villa Berg der Stadt Stuttgart, die sie dann an den Süddeutschen Rundfunk verkaufte.

Prinzessin Pauline wohnte zunächst mit ihrem Mann in Potsdam, wo 1899 der Sohn Hermann und 1901 sein Bruder Dietrich geboren wurden. Beim ersten Sohn waren übrigens die deutsche Kaiserin und die Königin der Niederlande Taufpaten; zum niederländischen Königshaus bestanden enge Beziehungen, seit – wie schon erwähnt – König Wilhelms Tante Sophie als Gemahlin des niederländischen Kronprinzen Königin dieses Landes geworden war.

Der königliche Großvater Wilhelm II. von Württemberg ließ es sich nicht nehmen, seinen ersten Enkel während der Taufe im Hause Wied in Potsdam in den Armen zu halten.

1907 erhielt das Haus Wied die Fürstenwürde, und der Erbprinz übersiedelte mit seiner Familie von Potsdam an den Rhein ins Schloß von Neuwied bei Koblenz. Ihr geliebtes Marienwahl und Stuttgart besuchte Fürstin Pauline häufig. Marienwahl wurde auch ihr Witwensitz, nachdem ihr Mann 1945 gestorben und Prinz Dietrich 1942 gefallen war. Sie starb am 7. Mai 1965.

Großvater und Enkel

Die Enkel waren König Wilhelms größte Freude. Sie kamen sehr oft zu Besuch nach Stuttgart, Ludwigsburg, Bebenhausen und Friedrichshafen. Besonders gern erteilte ihnen der Großvater Reitunterricht, auch gemeinsame Ruderbootfahrten auf dem Bodensee waren sehr beliebt.

Ein liebevoller Familienvater 95

*Aus dem Urlaub in Südfrankreich schickte der
König, ganz liebevoller Vater und Großvater,
diesen Kartengruß an seine Tochter Pauline:*

»Cap Martin, 5. 11. 1905
Mein Herzenskind –
ich vergaß in meinem Brief zu fragen, in welchem
Sinn sich etwa meine Mitbringsel und Osterhasen
für Dich, Fritz und die Kinder bewegen sollen
Jeder Wunsch nur so im allgem. wäre mir sehr
erwünscht. –
Es ist noch immer nicht dauernd schön, nur selten
Sitzen draußen möglich!
Zärtlich umarmend
Dein Vater«

Eines Tages durfte einer der Enkel allein – dritter Klasse! – von Neuwied nach Stuttgart fahren. Als der Zug bereits das Schwabenland erreicht hatte, stieg ein älterer Herr zu, und es entspann sich folgendes Gespräch: »Na, Büeble, wono fährsch denn?« »Nach Stuttgart!« »Zu wem willsch denn en Schtuegert?« »Zu meinem Großvater!« »Was isch denn der in Schtuegert?« »Der ist König.«

Als die Kinder im Sommer 1912 mit ihrem Hauslehrer in Friedrichshafen zu Besuch weilten, unternahmen sie mit dem Ruderboot eine Fahrt zur Rheinmündung. Unterwegs beschlossen sie, am Ufer Picknick zu machen. Sie bemerkten dabei nicht, daß sie unversehens auf österreichisches Gebiet geraten waren. Da erspähte sie in Gestalt eines österreichi-

Der Großvater mit seinen beiden Enkeln bei einer Bootspartie auf dem Bodensee. Die Kinder verbrachten ihre Sommerferien oft in Friedrichshafen.

schen Zollwächters das Auge des Gesetzes und sistierte die ganze fröhliche Gesellschaft. Vergeblich versuchte der Lehrer zu erklären, um wen es sich handelte und daß sie keineswegs ein Attentat noch sonst etwas Böses im Sinn hätten, sondern einfach die Natur und ihr Vesper genießen wollten. Alle Proteste halfen nichts. Der Lehrer als »Hauptschuldiger« mußte mit zur fünf Kilometer entfernten Zollstation, wo er wegen »versuchten Schleichhandels« fünf Kronen Strafe aufgebrummt bekam. Später wurde die Angelegenheit auf diplomatischem Weg zur vollsten Zufriedenheit der »Delinquenten« beigelegt. Was mit dem übereifrigen Zöllner und seinem offensichtlich ebenso geistreichen Vorgesetzten geschah, ist nicht überliefert.

Nicht von Stuttgart

Auch der König hatte während der Ferien in Friedrichshafen eines schönen Tages ein besonderes Ausflugserlebnis: Er besuchte ein Städtchen am badischen Bodenseeufer und kehrte in einem Gasthaus zum Vespern ein. Als er die kleine Rechnung mit einem größeren Geldstück bezahlte und der Kellnerin das beachtliche Wechselgeld als Trinkgeld zuschob, sagte die überraschte Frau: »Sie sind aber gwiß net von Stuttgart.«

Der gelernte König

Stuttgart als Kulturzentrum

m Jahr 1882, als endgültig feststand, daß Prinz Wilhelm als Nachfolger König Karls das Land Württemberg regieren würde, schrieb der König in einem Brief an seinen Neffen: »Gott stärke Dich, Gott leite Dich und verleihe Dir immer Männer, welche Dir treu und wahrheitsliebend zur Seite stehen in Liebe zur Heimat.«

Der Wunsch König Karls ging in Erfüllung; denn Wilhelm II. hatte die Gabe, die richtigen Männer mit Amt und Würden zu betrauen, die nicht katzbuckelten, sondern offen über alle Probleme mit ihm sprachen. Dabei haben zweifellos die Wahrheitsliebe des Monarchen, seine Bescheidenheit und sein Pflichtgefühl, sein großes Wissen und klares Urteilsvermögen ebenso wie die Nähe zum Volk die richtige Auswahl seiner Berater und Vertrauten erleichtert. Prälat Hoffmann berichtet, wie höchst anregend die traditionellen »Herrenabende« im Wilhelmspalais gewesen seien, an denen der König hohe Regierungsbeamte und Männer aus Kunst und Wissenschaft um sich versammelte, um sich im zwanglosen Gespräch »mit großer Wißbegier« über alle Lebensbereiche von ihnen unterrichten zu lassen.

Bei diesen Gesprächsrunden betonte er immer wieder, daß die Bedeutung Württembergs seiner Überzeugung nach auf kulturellem Gebiet liege. Weil viele Aufgaben, die früher von den deutschen Einzelstaaten selbst wahrgenommen wurden – wie zum Beispiel die Außenpolitik –, seit der Gründung des Deutschen Reichs in die Kompetenz der Zentralregierung fielen, müßten sich die Länderregierungen spezifischen eigenen Aufgaben widmen. Er sehe die Hauptaufgabe auf dem Gebiet der Kunst und Kultur, weil in Württemberg die besten Voraussetzungen dafür gegeben seien, »wirtschaftliche Interessen und Ideale schöngeistiger, künstlerischer Natur miteinander in Einklang zu bringen«; vielleicht sei dies hier sogar besser möglich als anderswo.

Die königlichen Hoftheater

Ohne seine Bemühungen um die Weiterentwicklung der Wirtschaft des Landes zu vernachlässigen, war Wilhelm II. bestrebt, aus Stuttgart ein Zentrum der Kunst zu machen, wobei sein Lieblingskind das Theater war. Unter seiner Regierung entfaltete sich in Stuttgart und im ganzen Land ein reges Theaterleben, das er mit Sachverstand und erheblichen eigenen finanziellen Mitteln förderte. So sparsam er war, wenn es um seine Person ging, so großzügig bedachte er das Budget der Hoftheater. Sofort nach seiner Thronbesteigung im Jahre 1891 sah er sich nach einem geeigneten Intendanten für die Stuttgarter Bühnen um, und seine Wahl fiel zur Überraschung der Künstler und des theaterinteressierten Publikums auf den erst 31jährigen badischen Offizier Joachim Gans Edler zu Putlitz, den er zunächst für ein Jahr mit der Intendanz beauftragte. Baron zu Putlitz hatte vorher noch nie ein Theater geleitet, doch er empfand für diese Kunstgattung dieselbe Begeisterung wie der König; sie war ihm sozusagen in die Wiege gelegt worden, denn sein Vater Gustav zu Putlitz war Intendant des Karlsruher Theaters und ein erfolgreicher Lustspielautor.

Bald zeigte sich, daß der Monarch mit der Ernennung des jungen Offiziers eine überaus glückliche Hand gehabt hatte, denn der Baron machte das württembergische Hoftheater binnen kurzer Zeit zu einem Musentempel, der zu den ersten in Europa gehörte. Bei der Einstellung der Ensemblemitglieder und der Hofopernkapellmeister war der junge Intendant genauso geschickt wie bei der Wahl der Opern und Sprechstücke für den Spielplan. Bewährtes Altes und Werke der Klassiker wurden mit vielen Stücken der modernen Theaterliteratur so trefflich ergänzt, daß das Publikum auch mit neueren Autoren vertraut wurde, ohne sich in eine bestimmte Richtung gedrängt zu sehen. In Stuttgart wurden Werke aufgeführt, die andernorts der Zensur zum Opfer fielen. Eine Zensur gab es in Württemberg nicht. Der König verließ sich darauf, daß auch ohne derartige Einschränkungen auf der Bühne »die Grenzen des Anstands nicht überschritten« würden. Dabei hat es nichts mit Zensur zu tun, daß der König von der Einstellung neuer Kräfte unterrichtet wurde und sie kennenlernen wollte.

Manche Künstler, die während der Regierungszeit Wilhelms II. Mitglied der königlichen Hoftheater waren, sind älteren Stuttgartern noch in guter Erinnerung, denn man konnte sie jahrzehntelang auf der Bühne der Württembergischen Staatstheater sehen, so zum Beispiel Elsa Pfeiffer, Kurt Junker, Albin Swoboda, Raoul Aslan als hervorragende Darsteller in Schauspielen; andere Künstler sind dem Namen nach bekannt wie die Operndiva Anna Sutter, die einst das Idol der Männerwelt war und 1910 dasselbe Schicksal erlitt wie die Zigeunerin Carmen, deren Rolle sie auf der Bühne so hinreißend verkörperte: Sie wurde von einem Liebhaber, von dem sie nichts mehr wissen wollte, aus Eifersucht erschossen. Der Mann, dem sie den Laufpaß gegeben hatte, war der frühere Hofopernkapellmeister Obrist, der sich nach der Tat selbst erschoß.

Neues Leben aus Ruinen

Das ursprüngliche Hoftheater, das am Schloßplatz etwa dort stand, wo 1912 das Kunstgebäude mit dem goldenen Hirschen obenauf errichtet wurde, brannte in der Nacht vom 19. auf den 20. Januar 1902 aus ungeklärtem Grund bis auf die Grundmauern ab.

Zum Glück war die Vorstellung der »Meistersinger« bereits zu Ende, und es befand sich niemand mehr im Haus. Noch in der Brandnacht verfügte der König, daß alle laufenden Verträge eingehalten würden, um den Künstlern und dem gesamten Personal die Angst vor der Zukunft zu nehmen. Außerdem wurde sofort der Bau eines vorläufigen Theaterneubaus, eines Interimstheaters, beschlossen, bis eine endgültige Lösung gefunden sei. In der Zwischenzeit wurde der Theaterbetrieb im Wilhelma-Theater mit Stücken aufrechterhalten, die keinen zu großen technischen Apparat und nicht zu viele Mitwirkende benötigten. Außerdem gab es in der Liederhalle Konzerte des Hofopernorchesters.

Schon zwei Monate nach dem Brand wurde auf demselben Platz mit dem Bau des Interimstheaters nach Plänen von Oberbaurat Weigle begonnen, und nach sieben Monaten konnte das Haus eröffnet werden. Für die Festvorstellung wurde Wagners »Tannhäuser« gewählt. Der König und die Königin wurden stürmisch gefeiert, als sie die Proszeniumsloge betraten.

Nach der Vorstellung fand im Königin-Olga-Bau ein Bankett statt, zu dem der König nicht nur eingeladen hatte, was Rang und Namen besaß, sondern auch den Werkmeister bzw. Hofwerkmeister Hangleiter, stellvertretend für die Arbeiter, ohne deren Leistung die Errichtung des Gebäudes in so kurzer Zeit nicht möglich gewesen wäre.

Das erste Doppeltheater der Welt

Das Theater war so schön, daß sich viele Bürger fragten, weshalb es eigentlich nur eine Zwischenlösung abgeben sollte. Der Zuschauerraum hatte zwei Ränge, mehrere Logen und Salons und bot insgesamt etwa 1200 Zuschauern Platz. Der König, dem die Ausbildung tüchtiger Fachkräfte auf allen Gebieten sehr am Herzen lag, hatte angeordnet, daß die Stuckdekorationen durch Schüler der Lehr- und Versuchswerkstätten ausgeführt wurden, die auch den Bühnenvorhang und die Vorhänge der Salons entwarfen und herstellten.

Obwohl also das Werk sehr gelungen war, wurde unverzüglich das Projekt eines definitiven Neubaus in Angriff genommen und ein Wettbewerb ausgeschrieben. Der Platz für das neue Gebäude stand von Anfang an fest. Es war ein Areal, über das der König als Eigentümer selbst verfügen konnte, nämlich der Obere Schloßgarten beim Neuen Schloß am Anlagensee. Unter den für den Wettbewerb eingesandten Plänen gefiel am besten das Projekt des Münchner Architekten Professor Max Littmann, der sich bereits durch andere Theaterbauten einen Namen gemacht hatte. Von ihm stammten unter anderem das Hoftheater in Weimar, das

Prinzregententheater in München und das Schillertheater in Berlin. Für Stuttgart hatte Littmann den genialen Plan eines Doppeltheaters entwickelt. Der Gesamtkomplex bestand aus einem Großen und einem Kleinen Haus, verbunden durch einen Verwaltungstrakt.

Von diesem Plan waren zwar alle begeistert, aber woher sollte das Geld für die Realisierung des Projekts genommen werden? Die Versicherungssumme für das abgebrannte alte Hofopernhaus reichte bei weitem nicht aus, und auch die Großzügigkeit des Königs, der sich wieder einmal sehr spendabel zeigte, konnte die klaffende Lücke nicht schließen. Da hatte Baron zu Putlitz eine glänzende Idee: Warum sollte man den sehnlichen Wunsch vieler wohlhabender Bürger, sich mit dem persönlichen Adelsprädikat oder einem Geheim- oder Hofratstitel zu schmücken, nicht in den Dienst der Kunst stellen? Sicher war ihnen die Erfüllung dieses Traumes eine beträchtliche Summe Geldes wert. Der Baron fuhr also im Land umher, schwärmte von der Kunst und insbesondere vom Theaterneubau und sammelte Geld, der König verlieh die begehrten Titel und Ehrenzeichen, und die Mittel waren schnell beisammen. Auch die Stadt, die man schlauerweise mit in das Projekt einbezog, zeigte sich nicht kleinlich, so daß neben dem Großen Haus das Kleine Haus gleich mitgebaut werden konnte.

1909 erfolgte der erste Spatenstich, und am 14. und 15. September 1912 konnte das erste Doppeltheater der Welt mit Festaufführungen eröffnet werden. Über 500 Gäste aus ganz Deutschland nahmen auf Einladung des Königs an der Festaufführung am 14. September im Großen Haus und am anschließenden Bankett im Saal des Königsbaus teil. Alle Künstler, Intendanten, Kapellmeister, Regisseure, Schrift-

*Das Interimstheater am Schloßplatz in Stuttgart,
erbaut nach dem Brand des alten Hoftheaters 1902.*

steller, Journalisten usw., die das neue Hoftheater sahen, waren begeistert: unter ihnen Ludwig Thoma, Frank Wedekind, Gerhart Hauptmann, Karl Sternheim. Es ist reizvoll, diese illustre Gesellschaft näher zu betrachten; es waren nämlich Schriftsteller darunter, die sich andernorts kaum sehen, geschweige denn hören lassen durften, wie zum Beispiel Ludwig Thoma. Die Einladung dieses Simplicissimus-Redakteurs, der wegen Majestätsbeleidigung eine mehrmonatige Gefängnisstrafe hatte absitzen müssen und in Stuttgart als ein am Hoftheater häufig aufgeführter Autor sogar an der Tafel des Monarchen sitzen durfte, war geradezu ein

Affront gegen den Berliner Namensvetter des württembergischen Königs, Wilhelm II. Wieder einmal bewies der »erste Diener seines Landes« in Schwaben, daß unter seiner Regierung nicht nur die Gedanken, sondern auch das Wort frei waren. Kritische auswärtige Zeitungsschreiber machten sich ein Vergnügen daraus, möglichst ausführlich über diese Freiheit von Zensur zu berichten.

Stuttgart als Theaterstadt war nun in aller Munde, und die berühmtesten deutschen und internationalen Künstler und Ensembles kamen zu Gastspielen, unter ihnen die große italienische Schauspielerin Eleonora Duse mit ihrer Truppe und der legendäre Sänger Enrico Caruso. Auch Komponisten, wie zum Beispiel Pietro Mascagni, fühlten sich geehrt, eines ihrer Werke hier selbst dirigieren zu können. Der vielgereiste Regisseur Max Reinhardt nannte den Littmann-Bau gar »das schönste Theater der Welt«. Wem dieses Prädikat etwas zu hoch erscheint, der wird seine Skepsis fallenlassen, wenn er nicht nur den Gebäudekomplex außen und innen berücksichtigt, sondern das ganze Zusammenspiel von Architektur und Umgebung zu einem harmonischen Ganzen. Dank der Großzügigkeit des Königs, der einen Teil seines herrlichen Parks zur Verfügung gestellt hatte, wurde die zeitlos schöne Architektur von einer weitläufigen Grünanlage und alten Bäumen umgeben, so daß der Eindruck eines Juwels in kostbarer Fassung entstand. Kein anderes Theater kann sich bis heute einer solchen Lage rühmen, weder die Mailänder Scala noch die Wiener Staatsoper, weder die Pariser Oper noch die Metropolitan Opera in New York.

Übrigens zeigte sich auch bei diesem Theaterbau, welch fürsorglicher Landesvater Wilhelm II. war: Da den Auftrag ein auswärtiger Architekt erhalten hatte, legte der König den

106 Der gelernte König

*Das Große (oben) und Kleine Haus (unten) der
einstigen königlichen Hoftheater, das erste
Doppeltheater der Welt, von 1909–1912 erbaut
nach Plänen des Architekten Max Littmann.*

größten Wert darauf, daß bei der inneren und äußeren Ausschmückung mit Statuen, Malereien und sonstigen Dekorationen nur württembergische Künstler beauftragt wurden. Insgesamt 40 einheimische Maler und Bildhauer konnten so ihr Können dokumentieren.

Das Doppeltheater im Schloßgarten wurde bald zu einem Fixpunkt unter den Sehenswürdigkeiten Stuttgarts, und heute kann sich wohl niemand die Innenstadt ohne das Theater, den Anlagensee und den Park vorstellen.

Der König und die Königin besuchten meist mehrmals in der Woche die Vorstellungen. Der Monarch sorgte vorbildlich für »seine Künstler«. Im Einvernehmen mit dem Generalintendanten wurden erstmals in Deutschland, wahrscheinlich sogar auf der Welt, Wohlfahrtseinrichtungen für das gesamte Theaterpersonal geschaffen, und die Künstler ebenso wie das technische Personal und alle sonstigen ständig am Theater Beschäftigten wurden vom Leibarzt des Königs medizinisch betreut.

Das Kleine Haus wurde im Zweiten Weltkrieg durch Bomben schwer beschädigt und nicht mehr in seiner ursprünglichen äußeren und inneren Gestaltung aufgebaut. Das Große Haus ist wie durch ein Wunder inmitten eines riesigen Trümmerfeldes unversehrt geblieben. Leider ist die Rückseite gegen die Neckarstraße zu, wo früher ebenfalls eine Grünanlage war und der Schicksalsbrunnen stand, bei der Verbreiterung der Straße dieser Umrahmung beraubt worden.

Als das Große und das Kleine Haus 1912 fertig waren, hatte das Interimstheater am Schloßplatz ausgedient und wurde niedergerissen. An seiner Stelle entstand das 1913 fertiggestellte Kunstgebäude, das zwar 1944 ebenfalls Bombentreffer erhielt, aber heute wieder so dasteht, wie es nach den Plänen des Stuttgarter Architekturprofessors Theodor Fischer gebaut worden war. Auch beim Bau des Kunstgebäudes mit dem goldenen Hirschen wurden auf Wunsch des Königs ausschließlich einheimische Künstler beschäftigt.

Ein Geburtstagsgeschenk für die Königin

Daß die Künstler ihrerseits mit dem Fürstenpaar eng verbunden waren, zeigt ein 1926 erschienener Bericht des königlichen Hofschauspielers Egmont Richter:
»Wie weit sich theatralische Dinge bis in den intimen Kreis des königlichen Privatlebens erstreckten, möge folgende Episode zeigen: Bis zum Geburtstag der Königin blieb das hohe Paar meist in der Sommerresidenz Friedrichshafen, und es bereitete dem König jedesmal ausnehmende Freude, der Gattin eine Huldigung in Form einer künstlerischen Aufführung darzubringen. Es wurden zu diesem Zweck meist Künstler der Oper und der Kapelle nach Friedrichshafen geladen.

Als nun das Geburtstagsfest im Jahre 1901 herannahte, hatte der König eine überaus originelle Idee. Um der Festaufführung diesmal eine der Neigung der Königin entgegenkommende verstärkte Wirkung zu geben, äußerte der König den Wunsch, eine Art Improvisation von Künstlern des Schauspiels vorführen zu lassen, die keinerlei räumliche Vorbereitungen erforderte und völlig als Überraschung im wahrsten Sinn wirken sollte. Ein von mir verfaßter Prolog schildert die Situation:

Ha, wie kann ich nur beschreiben,
Welch ein Jubel laut erscholl,
Als es hieß: Zu Hause bleiben
Dieses Mal die Oper soll!
Schauspiel vor! Nach Friedrichshafen!
Zu dem Festtag froh und hehr!
Wie sich stolz die Blicke trafen
Der Kollegen – welche Ehr!
Lauter strahlend helle Mienen,
Und die Augen sprachen's aus,
Wie wir gern bereit zu dienen
Dem erhabnen Königshaus.

Welch ein Summsen, frohbeklommen,
In der Künstler heit'ren Reihn:
Wer wird denn nun mitgenommen?
Wer wird denn so glücklich sein?
Spiel' ich der Paraderollen
Eine? fragt die Heldin sich;
Darf ich schöpfen aus dem Vollen?
Denkt der Held; – vielleicht darf ich,
Hört man die Naive flöten,
Einen Backfisch spielen, ach! –
Intrigant denkt nur ans Töten
Und an Geister dann danach.
Werden wir »Fiesco« spielen,
»Macbeth«, den »Coriolan«,
Oder wird Erfolg erzielen
Nicht ein Stück von Sudermann?
Können wir nicht »Tasso« geben,
»Wilhelm Tell«, »Faust«, »Zopf und Schwert«,
Oder soll man sich erheben
Zu »Die Reise um die Erd«?

Da tönt durch die heilgen Hallen
Plötzlich die Entscheidung keck:
Etwas andres sei der Zweck!
Nichts von Trauer, Geistern, Toten,
Nichts von schweren Jambenreihn!
Ihr seid an den See entboten,
Zu erheitern, zu erfreun!
Nicht Versenkung, Maschin' rien

Der Kostüme Prunk und Pracht,
Auch nicht Donner-, Blitzmaschin'
Wird von hier aus mitgebracht!
Nein, im Saal ohn' Federlesen
Schafft euch selbst in schneller Hast
Einen Raum, wie er zum Wesen
Eurer Stücke zierlich paßt.
Frisch improvisieren sollt ihr
Zu recht leichtem Amüsement,
Und dem Frohhumore zollt ihr
Für dies Stündlein: En avant! –

Hastig geht's nun ans Probieren,
Ein Programm entsteht im Nu
Und es üben und studieren
Die Erwählten ohne Ruh'! –

Als der frohe Tag nun glühte
Aus der dunklen Nacht empor
– Zart wie eine Rosenblüte
Aufbricht ihres Kelches Tor –,
Flogen wir auf Dampfesschwingen
Durch das schöne Schwabenland,
Über das in Glockenklingen
Sich ein buntes Festkleid spannt.
Jedes Dörflein, das im Prangen

Roter Herbstpracht liegt im Grün:
Segensgrüße, glücksumfangen,
Es uns mitzugeben schien:
Sie zu ehren, sie zu preisen
Die geliebte hohe Frau,
Der die lauten Jubelweisen
Gelten heut im Schwabengau. –

Wir auch nahen, sie zu ehren,
Schlichte Jünger schöner Kunst,
Warm zu danken dieser hehren
Gönnerin für Gnad' und Gunst.
Mög' die Kunst und Huld beglücken
Lange noch ihr edler Sinn,
Und noch lang die Krone schmücken
Die geliebte Königin!

In die Schule geh' ich gern

Württemberg befand sich damals im schnellen Wandel vom Agrar zum Industriestaat, und der König war der Überzeugung, daß seinem Land mit einem besonders guten Bildungsangebot besser gedient sei als mit staatlichen Geldern für Industriegründungen. Qualifizierte Facharbeiter, tüchtige Ingenieure und Wissenschaftler schienen ihm eine solidere Investition in die Zukunft zu sein. In dieser Zeit des Umbruchs war es von unschätzbarem Wert, daß Wilhelm II. ein besonderes Interesse für die Technologie und die Wissenschaften insgesamt hegte. Wenn er in Bebenhausen weilte, lud er häufig Professoren der Universität Tübingen ein, um sich über neueste Forschungen und technische Errungenschaften zu informieren.

Ein gutes Bildungsangebot beruhte für ihn und auch für die Gemeindegremien im Lande auf einem besseren Volksschulwesen. Deshalb wurde eine Volksschulreform durchgeführt, nach der die Zahl der Schüler in den Klassen verringert, die Bezahlung der Lehrer verbessert und die Unterrichtsfächer erweitert wurden. Ein wichtiger Punkt der Neuregelung war auch, daß die Schulaufsicht von der Geistlichkeit auf festangestellte Fachleute übertragen wurde.

Bereits 1907 wurde die Lehrmittelfreiheit eingeführt. Die Lehrmittel, die den Kindern zur Verfügung gestellt wurden, blieben jedoch Eigentum des Staates.

Schon ein Jahr vor Wilhelms II. Regierungsantritt war unter König Karl in Schwenningen eine Fachschule für Uhrmacherei und Elektromechanik eingerichtet worden, zahlreiche Fach- und Fortbildungsschulen folgten unter König Wilhelm. Während bisher die berufliche Fortbildung in Sonntagsschulen stattfand, wurde nun an regulären Arbeitstagen Fortbildungsunterricht erteilt, eine Einrichtung, die wir bis heute haben. 1909 wurde der Besuch dieser Schulen für Lehrlinge Pflicht. Auch Gewerbe- und Handelsschulen, Haushaltungs- und Nähschulen entstanden. Außerdem erforderte die rege Bautätigkeit, die der wachsende Wohlstand mit sich brachte, die Einrichtung von speziellen Schulen auf diesem Gebiet. So entstanden Baugewerkeschulen.

Bedeutende Veränderungen gab es auch bei der Technischen Hochschule in Stuttgar. Sie erhielt neue Institute und Lehrstühle – zum Beispiel einen für Flugtechnik –; um ihr ein höheres Ansehen und mehr Anziehungskraft für Studenten zu verleihen, bekam sie auch das Promotionsrecht. Aus demselben Grund wurde die landwirtschaftliche Akademie in Hohenheim zur Hochschule erhoben.

Muster mit viel Wert

Eine Investition in die Zukunft war in Stuttgart auch der Bau des Landesgewerbemuseums, heute »Haus der Wirtschaft«. Bereits unter Wilhelm I. war 1848 die »Königliche Centralstelle für Gewerbe und Handel« eingerichtet worden, die sich in der früheren Legionskaserne befand, wo Schiller einst unter Herzog Carl Eugen Regimentsmedicus gewesen war. Als die Räume zu klein wurden, stimmte König Wilhelm II. dem bereits unter seinem Onkel Karl beschlossenen Neubau eines Landesgewerbemuseums zu. Es kostete die für damalige Verhältnisse fast astronomische Summe von 3,7 Millionen Goldmark und wurde am 6. Juni 1896 mit einer großen Ausstellung für Elektrotechnik und Kunstgewerbe eröffnet, deren Exponate teils auch im Stadtgarten und in der 1880 gebauten Gewerbehalle untergebracht waren. Die Ausstellung war ein Riesenerfolg, von überall her strömten die Besucher herbei.

Zweck des Landesgewerbemuseums war es, durch Musterschauen den Handwerks- und Industriebetrieben Impulse und Beispiele für Produkte zu geben, die auf dem Weltmarkt gefragt waren. Dr. Pazaurek, der damalige Direktor des Landesgewerbemuseums, berichtet, daß sich der König außerordentlich für die Musterschauen interessierte, häufig sei er nach dem Frühstück ganz allein ins Museum gekommen, um sich alles erklären zu lassen. Ein Protokoll habe es da nicht gegeben, das habe Seine Majestät nicht gewollt.

Die Aus- und Fortbildung fähiger Ingenieure und Facharbeiter trägt bis heute schönste Früchte, ohne die unser Wohlstand nicht möglich wäre. Die württembergischen Industrie-

Das Landesgewerbemuseum, heute Haus der Wirtschaft, in der Willi-Bleicher-Straße 19. Es wurde 1896 mit einer Ausstellung für Elektrotechnik und Kunsthandwerk eröffnet.

betriebe sind meist aus kleinsten Anfängen in den Werkstätten der vielzitierten schwäbischen Tüftler hervorgegangen. Man braucht nur an die Weltfirmen Robert Bosch und Daimler-Benz zu denken oder an die Wirk- und Strickwarenfabriken in Stuttgart und auf der Schwäbischen Alb.

Durch seinen Weitblick im schulischen Bereich hat König Wilhelm II. dazu beigetragen, daß württembergische Erzeugnisse schon vor dem Ersten Weltkrieg auf allen Weltmärkten vertreten waren; sein ausgleichendes Wesen half aber auch mit, daß sich der Umbruch vom rein landwirtschaftlich zum industriell geprägten Staat auf menschliche

Weise vollzog. Seine Besonnenheit und Klugheit bei der Bewältigung der damaligen sozialen Probleme gilt bis heute als beispielhaft. So stellte der Vorstandsvorsitzende des Weltkonzerns Daimler-Benz, Edzard Reuter, 1992 in bezug auf die damaligen Verhältnisse in Württemberg fest: »Hier wurden die sozialen Spannungen des Kapitalismus eher als anderswo erkannt und zum Gegenstand von Lösungen gemacht, die intelligenter waren als schierer Klassenkampf oder auch nur übersteigerte Konflikte. Robert Bosch und ein zivil-bürgerlicher König stehen dafür als Symbole.«

Der König bei den Fabriklern

Wie im Gespräch mit Schülern und Studenten, so fand Wilhelm II. auch den richtigen Ton im Umgang mit Fabrikarbeitern, der neuen Arbeiterklasse, die damals entstand. Wenn er auf dem Weg nach Weil nicht die Straße über Hedelfingen, sondern über Obertürkheim nahm, machte er dort öfter eine Vesperpause im Gasthaus zum Hirsch, anfangs sehr zur Verwunderung der Obertürkheimer Bevölkerung, denn der »Hirsch«, eine Gaststätte zwischen dem gutbürgerlichen »Ochsen« und der Gießerei Kleemann, war ein einfaches Lokal. Der König wählte jedoch mit Bedacht gerade diese Gaststätte aus, weil sie von den »Fabriklern« frequentiert wurde. Dort saß er mit ihnen an einem Tisch, ließ sich ein Vesper und ein Viertele Obertürkheimer kommen und unterhielt sich mit ihnen über ihren Arbeitstag und sonstige persönliche Dinge; er wollte ihnen zeigen, daß er ihre Tätigkeit für wichtig hielt. Bis heute wird in Obertürkheim von diesen »königlichen Vesperpausen« erzählt.

Die schwäbische Eisenbahn

Im Interesse der immer schneller fortschreitenden Industrialisierung und der vielen neuen Gewerbebetriebe mußte damals auch das Eisenbahnnetz erweitert und ein gut funktionierender Postverkehr geschaffen werden. Das Eisenbahnnetz war schon in den Jahren 1850 bis 1880 in den Hauptstrecken entstanden, die Nebenlinien wurden unter der Regierung Wilhelms II. ausgebaut. Die Post funktionierte zu jener Zeit offenbar vorzüglich. In vielen Städten – so auch in Stuttgart – erfolgte die Postzustellung zwei- bis dreimal täglich. 1909 wurde bereits der Postscheckverkehr eingerichtet, und schon 1912 unterhielten Zeppelinluftschiffe einen Luftpostverkehr.

Bald erwies sich der Stuttgarter Hauptbahnhof nahe dem Schloßplatz in der heutigen Bolzstraße für den ständig zunehmenden Verkehr als zu klein. Deshalb wurde 1914 mit dem Bau eines neuen Bahnhofs in der Unteren Königstraße begonnen. Die Pläne stammten von Professor Paul Bonatz, dem mit diesem Bahnhofsgebäude ein moderner und dabei so zeitloser Stil gelang, daß die Stuttgarter Anlage bis heute als beispielhafter Zweckbau gilt. Die Bauarbeiten zogen sich über Jahrzehnte hin. Wegen des Ersten Weltkrieges mußten sie 1917 eingestellt werden, 1922 konnten dann die ersten Züge aus dem neuen Bahnhof rollen, 1927 war er endgültig fertig – bis zur Zerstörung im Zweiten Weltkrieg, nach dessen Ende er nach den alten Plänen wieder aufgebaut wurde. Wer heutzutage dort ein- oder aussteigt, denkt wahrscheinlich nur selten daran, daß dieses Gebäude an den letzten König von Württemberg erinnert.

Der gelernte König 117

*Vor dem Stuttgarter Hauptbahnhof (1927 vollendet)
stand noch jahrelang das 1810 erbaute Königstor
mit zwei Wachhäuschen.*

Ein Rathaus für die Großstadt und ein »Bund fürs Leben«

Ein besonders imposantes Bauwerk in Stuttgart, das während der Regierungszeit Wilhelms II. entstand, war auch das 1905 eingeweihte Rathaus, Vorgänger des heutigen Rathauses. Nach den Zerstörungen im Zweiten Weltkrieg ist das ursprüngliche Aussehen lediglich noch an der Seitenfassade in der Eichstraße zu erahnen. Die Hauptfassade wurde ja, wie die anderer Häuser am Marktplatz, in einem damals als besonders modern geltenden Stil aufgebaut, die Stuttgarter nannten ihn den »Pappendeckelstil«. Das Rathaus von 1905,

Ankunft der königlichen Gäste zur Einweihung des neuen Rathauses am 1. April 1905.

das 1944 durch Bomben zerstört wurde, war nach Plänen der Professoren J. Vollmer und H. Jassoy im flämischen Stil errichtet worden. Links und rechts neben dem Haupteingang waren in halber Höhe Statuen der Könige Wilhelm I. und Wilhelm II. angebracht.

Gleichzeitig mit der Einweihung des neuen Rathauses wurde die Vereinigung von Cannstatt, Untertürkheim und Wangen mit Stuttgart gefeiert, wohlgemerkt: Vereinigung, nicht Eingemeindung; darauf legen die Cannstatter größten Wert, schließlich ist ihr Ort als einstiges Römerkastell rund tausend Jahre älter als Stuttgart.

Im Jahre 1904, also vor der Eingemeindung, hatte Stuttgart 100 000 Einwohner; 1908, nachdem ein Jahr zuvor noch der Luftkurort Degerloch dazugekommen war, betrug die Einwohnerzahl bereits 272 500.

Ein Theater und Kontorhäuser nach Hamburger Muster

Das neue Rathaus wäre übrigens beinahe nicht am Marktplatz gebaut worden; zur Diskussion stand unter anderem das Gelände am Ausgang der Oberen Königstraße zwischen Marien- und Tübinger Straße. Es war frei geworden, nachdem man die Legionskaserne abgebrochen hatte; sie wurde nicht mehr gebraucht, weil die dortigen Sammlungen ins neue Landesgewerbemuseum kamen.

Am 1. August 1907 kaufte Baurat Früh die Parzelle an der Ecke König-, Marien- und Kleine Königstraße, um drei Büro- und Geschäftshäuser nach dem Muster der Hamburger Kontorhäuser zu bauen. Am 1. Januar 1908 wurde eine

*Im Wilhelmsbau, der 1909 bezogen wurde,
befanden sich früher auch elegante Restaurants
und ein berühmtes Café.*

Aktiengesellschaft gegründet, zu deren Gründungsmitgliedern Robert Bosch gehörte. Die Gesellschaft, die nach König Wilhelm II. »Wilhelmsbau A.G.« genannt wurde, finanzierte das große Bauvorhaben, dessen repräsentatives Kernstück der noch heute bestehende Wilhelmsbau war. Das Gebäude kam im Zweiten Weltkrieg verhältnismäßig glimpflich davon. Es wurde erst beim Einmarsch der französischen Truppen bei Kriegsende aus ungeklärten Gründen durch Feuer zerstört und 1946 wieder aufgebaut, allerdings innen nicht mehr in der alten Pracht.

Auf dem Gelände der einstigen Legionskaserne war auch Platz für das – ebenfalls noch heute bestehende – Schauspielhaus in der Kleinen Königstraße, das 1909 eingeweiht wurde und in Stuttgart zunächst unter Claudius Craushaar, nach dem Zweiten Weltkrieg unter Fred Schroer ein ruhmreiches Kapitel Theatergeschichte geschrieben hat.

Für geistiges und leibliches Wohl

Ein Gebäude, das bis heute mit seinem ursprünglichen Aussehen die Stadt bereichert, ist die Markthalle. Sie wurde nach Plänen von Martin Elsäßer im Jugendstil erbaut und löste 1914 eine kleinere Markthalle ab, die König Wilhelm I. der Stadt geschenkt hatte.

Es würde zu weit führen, wollte man alle öffentlichen Gebäude, Brücken, Viadukte usw. nennen, die in der Zeit Wilhelms II. entstanden sind. Als Beispiele nur einige Gotteshäuser: die Heilands-, Nikolaus-, Petrus-, Markus-, Gedächtnis-, Lukas-, Friedens- und Pauluskirche in Stuttgart und viele andere in Stadt und Land, evangelische und katholische.

Nicht zu vergessen die Altstadtsanierung rund um den Hans-im-Glück-Brunnen bei der Geißstraße. Selbst viele Stuttgarter wissen nicht, daß auf dem Platz und in den Straßen und Gassen ringsum Häuser stehen, die der jüdische Mitbürger Eduard Pfeiffer im Zuge der Altstadtsanierung bauen ließ, um der ärmeren Bevölkerung zu gesunden Wohnungen zu verhelfen. Die Siedlung Ostheim, die ebenfalls ihm zu verdanken ist, war schon vorher entstanden.

Gewiß hat König Wilhelm II. zu diesen Bauvorhaben nicht mit großen eigenen Mitteln beigetragen wie etwa beim Bau der Hoftheater, aber sein Beispiel auf dem Gebiet der Wohltätigkeit hat in der Residenz auch dafür den Boden bereitet.

Die 1912–14 erbaute Markthalle in Stuttgart ist eine der schönsten in Deutschland.

Professorengehälter aus eigener Tasche

Bei allen Bemühungen um die wirtschaftliche Entwicklung des Landes gab der König seinen Plan nicht auf, aus der württembergischen Residenzstadt ein Zentrum der Kunst zu machen und im ganzen Land kulturelle Einrichtungen von höchstem Rang zu schaffen. Neben dem Theater hatte die bildende Kunst in ihm einen besonders engagierten Förderer. Bezeichnend hierfür ist folgendes: Als ihm zu Ohren kam, daß es an der Stuttgarter Kunstakademie nicht zum besten stehe, lud er den Hauptkritiker ein und forderte ihn auf, ihn über alle Mängel und Mißstände freimütig zu informieren und ihm auch Persönlichkeiten zu nennen, die in der Lage wären, der Akademie internationalen Ruf zu verschaffen. Nachdem ihm der berühmte Maler Graf von Kalckreuth, der aus einem uralten schlesischen Geschlecht stammte, als geeignete Persönlichkeit genannt worden war, bot er diesem die Direktion der Akademie an. Doch Kalckreuth war nur unter der Bedingung bereit, nach Stuttgart zu kommen, daß er auch Carlos Grethe und Robert Pötzelberger – ebenfalls hochtalentierte Maler – mitbringen dürfe. Da für drei Gehälter keine staatlichen Mittel zur Verfügung standen, bezahlte der König die Gehälter für Kalckreuth und Grethe aus eigener Tasche. Kalckreuth und Grethe gründeten 1905 den Verein der Kunstfreunde in Württemberg.

Das Beispiel der Stuttgarter Kunstakademie zeigt, wie liberal Wilhelm II. auch auf dem Gebiet der bildenden Kunst war: Kalckreuth berief aus München den Maler Adolf Hölzel, Mitglied der als revolutionär geltenden Künstlergruppe »Neu Dachau«. Hölzels Werke wurden im Dritten Reich als »entartete Kunst« verboten.

Auf Initiative des Königs wurde zusätzlich zur Kunstakademie eine Kunstgewerbeschule auf dem Weißenhof errichtet, um dem talentierten Nachwuchs im Kunsthandwerk eine hochqualifizierte Ausbildungsstätte zur Verfügung zu stellen.

Ausstellungen kunsthandwerklich gefertigter Gegenstände wie Möbel, Gläser, Keramik und anderer Artikel wurden regelmäßig veranstaltet, und in den Ateliers von Malern und Bildhauern war das Königspaar häufig zu Gast. Kaum jemals fand eine Ausstellung statt, bei deren Eröffnung die Majestäten nicht anwesend waren. Sehr oft besuchten sie auch Museen. Dieses Interesse wirkte sich natürlich positiv aus auf alle Bereiche des kulturellen Lebens, und in diesem fruchtbaren Klima entfaltete sich die Kunst zu einer Blüte, wie sie seitdem kaum mehr erreicht wurde.

Schillerverein, Silchermuseum und ein Museum für die Auslandsdeutschen

Als großer Verehrer Friedrich Schillers regte Wilhelm II. den »Schwäbischen Schillerverein« an. Bereits als Kind hatte er alljährlich an den Schillerfeiern des Stuttgarter Liederkranzes am Schillerdenkmal in Stuttgart teilgenommen, und als König lag ihm daran, den Stolz der Schwaben auf ihren großen Dichter durch einen eigenen Verein zum Ausdruck zu bringen. Mit Schreiben vom 8. Mai 1895 wandte er sich deshalb an den Schultheiß von Marbach und bat ihn, den dortigen »Marbacher Schillerverein« in einen »Schwäbischen Schillerverein« umzuwandeln. »Ich wünsche mit der Einzeichnung meines Namens die Mitgliederliste zu eröffnen«, heißt es am Schluß des Briefes. Der Schillerverein erhielt ein eigenes größeres Gebäude und widmete sich nicht nur der Dokumentation des Werkes von Friedrich Schiller und der Schwäbischen Dichterschule, sondern wurde schließlich zum Deutschen Literaturarchiv als zentraler Forschungs- und Sammlungsstätte.

Dem sangesfreudigen Wilhelm II. war es auch wichtig, Friedrich Silcher, dessen gemütvolle Volkslieder er besonders schätzte und selbst oft sang, mit einer angemessenen Erinnerungsstätte zu ehren. So entstand das Silchermuseum in Schnait ebenfalls auf Initiative des Königs, und er unterstützte es großzügig mit eigenen Mitteln.

Ein ebensolches Herzensbedürfnis war es ihm, die Verbindung zu den deutschen Auswanderern in aller Welt zu pflegen. Deshalb gründete er das »Museum und Institut zur Kunde des Auslandsdeutschtums«, das am 10. Januar 1917 eröffnet wurde. Die Schwabenvereine im Ausland, zum Beispiel in Chicago, schickten zu jedem besonderen Festtag des Königs Geld für wohltätige Zwecke nach Stuttgart, um ihre Verbundenheit mit dem Monarchen zu zeigen, so zu seiner Silberhochzeit 1911 und zum 25jährigen Regierungsjubiläum 1916.

1949 erhielt das Institut den Namen eines »Instituts für Auslandsbeziehungen, Anstalt des öffentlichen Rechts«. Heute widmet es sich nicht nur den Auslandsdeutschen, sondern »den Beziehungen zu allen Völkern«.

Der König als Steuerzahler

Wenn hier berichtet wird, daß der Landesfürst viele Einrichtungen oder Bauwerke mit eigenen finanziellen Mitteln gefördert und Gehälter aus seiner Privatschatulle bezahlt hat, darf der Leser nicht glauben, das sei ja letzten Endes doch nicht das Geld des Königs, sondern das des Volkes gewesen, dessen sich der Monarch einfach habe bedienen können. Weit gefehlt! In Württemberg war damals die Demokratie durchaus so weit fortgeschritten, daß der Regent nicht nach eigenem Gutdünken schalten und walten konnte. Im Jahre 1819 wurde für den König – damals Wilhelm I. – eine Jahresrente (Zivilliste) festgesetzt. In der 27jährigen Regierungszeit Wilhelms II. wurde sie – man höre und staune! – nur ein einziges Mal erhöht. Diese Bezüge waren vom Privatvermögen streng getrennt. Für sein privates Vermögen mußte der König Steuern zahlen wie jeder andere Bürger.

Der Schwabenpreis von Weil

Als in Stuttgart eine so rege Bautätigkeit herrschte, war noch tiefster Friede, und der König konnte unbeschwert Zerstreuung bei Sport und Spiel suchen. So fuhr er besonders gern in sein Privatgestüt Weil bei Esslingen, wo hervorragende, weithin begehrte Pferde gezüchtet wurden. Im Frühjahr wurden dort auch Rennen veranstaltet, die vier Tage dauerten. Der höchste Siegerpreis war der mit 20 000 Mark dotierte Schwabenpreis. Der König stiftete den »Preis von Weil« mit 10 000 Mark, außerdem einen Preis von 3000 Mark für das Württembergische Offiziers-Jagdrennen. An-

*Der König, ein begeisterter Reiter, nahm die
Pferdezucht wieder auf, die schon sein Großvater
betrieben hatte. Im Gestüt Weil bei Esslingen
wurden alljährlich große Rennen veranstaltet.*

dere Fürstlichkeiten und Städte zeigten sich ebenfalls großzügig. Begehrt war auch der »Preis von Nachod«, den die Königin zu Ehren ihrer alten Heimat so bezeichnet und mit 5000 Mark ausgestattet hatte. Das Geld der Majestäten war übrigens gut angelegt, denn in der Regel belegten die eigenen Pferde erste oder zumindest vordere Plätze. Auch auswärts errangen ihre Pferde zahlreiche Siege.

Der König und die Königin nahmen regelmäßig an den Rennen teil, und das Publikumsinteresse war groß.

Bei den Rennen 1911 heimste der Weiler Stall am vierten Tag gleich einen doppelten Sieg ein; mit dem Fuchshengst Luftschiffer errang er den Schwabenpreis und mit dem braunen Hengst Oberleutnant den mit 2000 Mark dotierten Hohenlohepreis des Fürsten zu Hohenlohe-Öhringen.

Das Publikum war begeistert. Fast alle Plätze waren besetzt, und man sah viele elegante Toiletten. Leider setzte ein plötzlicher Regen auf dem Rückweg vom Rennplatz den schönen Roben arg zu. Die Königin war an diesem Tag mit der Herzogin von Teck mit einem vom Bock aus gefahrenen Viererzug in offener Kalesche vorgefahren.

Man kann sich gut vorstellen, daß die Hedelfinger vor und nach solchen Rennen bei der Vorbeifahrt der hohen Herrschaften allerhand geboten bekamen.

Herzog Albrecht, der Thronfolger

Herzog Albrecht von Württemberg war ebenfalls fast bei jedem Weiler Rennen mit seinen Söhnen anwesend.

Der Herzog war seit dem Tod des einzigen Sohnes Wilhelms II. württembergischer Thronfolger. Während der König mütterlicherseits in direkter Linie von Friedrich, dem ersten König von Württemberg, abstammte, ging die Linie des Herzogs Albrecht von Württemberg auf Alexander, einen Bruder König Friedrichs, zurück.

Herzog Albrecht, der 1939 starb, war der Großvater von Herzog Carl, dem derzeitigen Chef des Hauses Württemberg. Er ist verheiratet mit Herzogin Diana aus dem einstigen französischen Königshaus und wohnt im Schloß Altshausen in Oberschwaben. Gäbe es noch eine Monarchie (wie zum Beispiel in Britannien), wäre Herzog Carl nach dem Tod seines Vaters Philipp von Württemberg im Jahre 1975 württembergischer König geworden.

Der schwimmende Zylinder

Reges Interesse brachte der König auch dem Schwimmsport entgegen; dem Schwimmerbund Schwaben fühlte er sich sehr verbunden. Der 1895 gegründete Verein hatte Herren-, Damen- und Jugendriegen und »erfreute sich der Sympathie hoher und höchster Herrschaften«, wie es im Mitteilungsblatt von 1912 heißt.

Herzog Albrecht, der das Protektorat über den Schwimmerbund übernommen hatte, war häufig bei Schwimmveranstaltungen im schönen alten Büchsenbad anwesend. Aber auch der König und die Königin besuchten fast immer die

Ein großer Anziehungspunkt in Stuttgart war das 1889–90 im maurischen Stil erbaute Schwimmbad in der Büchsenstraße.

*Der Festsaal der 1874 eingeweihten Stuttgarter
Liederhalle, der für seine Akustik berühmt war:
Er war 60 Meter lang, 22 Meter breit und hatte
4000 Sitzplätze.*

sogenannten Galaschwimmveranstaltungen, bei denen sie einen Preis überreichten. Bei einer solchen Veranstaltung passierte es, daß Seiner Majestät der Zylinderhut mit einem eleganten Schwung ins Wasser segelte. – Peinliches Schweigen bei der Damen-, Herren- und Jugendriege und den Gästen, doch ein herzliches Lachen des Königs stellte schnell die frohe Stimmung wieder her. Rettungsschwimmer angelten das durchnäßte Stück aus dem Wasser, ein Bote holte vom Wilhelmspalais einen trockenen Zylinder, und auf der Heimfahrt mit der Hofkutsche konnte der Landesfürst wie gewohnt vor den Bürgern seinen Hut ziehen.

König Wilhelm II. – auch dies sei hier angemerkt – war der erste deutsche Fürst, »der den Bestrebungen der deutschen Schwimmerei ein sichtbares Zeichen seiner Gnade verlieh«, indem er im Jahre 1898 einen Königspreis stiftete. Daraufhin erhielt der Schwimmsport allenthalben mächtigen Auftrieb und wurde sozusagen hoffähig. Plötzlich begann man sich in allen Kreisen dafür zu interessieren. Kurze Zeit später gab es dann den »Deutschen Kaiserpreis«, und die Landesfürsten von Baden, Hessen, Bayern und Sachsen-Anhalt beeilten sich ebenfalls, dem Beispiel des Königs von Württemberg zu folgen.

Stuttgart wurde bald zur »europäischen Hochburg« des Schwimmsports, und alle bewunderten das Schwimmbad neben der Liederhalle, ein architektonisches Juwel im orientalischen, an die Wilhelma-Bauten in Bad Cannstatt erinnernden Stil, das im Zweiten Weltkrieg zerstört wurde.

Der König schenkte dem Schwimmerbund Schwaben noch viele wertvolle Preise. Einige von ihnen, die sogenannten Königsbecher, werden bei festlichen Gelegenheiten gern gezeigt und lagern sonst wohlverwahrt bei einer Stuttgarter Bank.

Religionsfreiheit für alle

Der König war ein strenggläubiger evangelischer Christ und hatte auch das Amt des Landesbischofs inne. Die eigene Religionszugehörigkeit hinderte ihn jedoch nicht, seine Fürsorge gleichermaßen anderen Religionsgemeinschaften angedeihen zu lassen. Unter seiner Regierung entstanden in Stuttgart und vielerorts im Land zahlreiche katholische Kirchen, insgesamt etwa 100. Ebenso nahm er sich der Belange der israelitischen Glaubensgemeinschaft an, die mit dem »Gesetz betreffend die israelitische Religionsgemeinschaft« vom 8. Juli 1912 der evangelischen und katholischen Kirche gleichgestellt wurde und ihre Belange ebenso autonom wahrnehmen konnte.

In ihrem Buch »Weg und Schicksal der Stuttgarter Juden« schreibt Maria Zelzer: »Die Autonomie der jüdischen Glaubensgenossen fand ihren wichtigsten Ausdruck in der Erweiterung der Oberkirchenbehörde durch den von den Gemeinden zu wählenden Weiteren Rat. Die Grundlage der Oberkirchenbehörde bildete nicht mehr die Staatsbehörde, sondern die Religionsgemeinschaft. Nicht mehr dem Ministerium eingefügt und untergeordnet, sondern mit dem Recht der Selbstverwaltung und Selbstgesetzgebung ausgestattet, entschied nunmehr der Weitere Rat in jüdischen Beschwerdefällen. Auch die Vermögensverwaltung stand nicht mehr den staatlichen Bezirksbehörden zu ... die Verfassung selbst wurde nicht vom Staat, sondern von der Israelitischen Oberkirchenbehörde, also einem verfassungsmäßigen Organ der jüdischen Religionsgemeinschaft, erlassen. Der König genehmigte die neue Verfassung, deren Besonderheit sich nach außen hin auch in der Änderung der Amtsbezeichnung ausdrückte. ›Die Königliche Israelitische Oberkirchenbehörde‹ wurde einfach zur ›Israelitischen Oberkirchenbehörde‹.«

Den Keim zu dieser Toleranz in religiösen Fragen hatte König Wilhelm I. gelegt, und schon unter dessen Vater König Friedrich I. hatte es erste Schritte zu einer Gleichberechtigung der Juden gegeben. Unter Wilhelm I. wurden aus den Synagogengemeinden jüdische Kirchengemeinden, und die jüdischen Bürger waren ihrem »liebevollen König« für die Einrichtung der Oberkirchenbehörde von Herzen dankbar.

Als ihre Gemeinde wuchs, beschlossen sie den Bau einer Synagoge, die nach den Plänen des Baumeisters Prof. Breymann errichtet und am 3. Mai 1861 eingeweiht wurde.

1862 wurde ein Gesetz über die bürgerliche Gleichberechtigung der württembergischen Juden ausgearbeitet, dessen Verabschiedung Wilhelm I. jedoch nicht mehr erlebte.

Die 1861 eingeweihte Stuttgarter Synagoge.
Ein 1864 verabschiedetes Gesetz gestand den
Württemberger Juden bürgerliche
Gleichberechtigung und Glaubensfreiheit zu.
1938 wurde die Synagoge niedergebrannt.

König Karl, der die Regierung im Juni 1864 übernahm, zeigte sich ebenso tolerant, und bereits im August 1864 wurde das Gesetz verabschiedet, dessen Artikel I lautete: »Die im Königreich einheimischen Israeliten sind in allen bürgerlichen Verhältnissen den gleichen Gesetzen unterworfen, welche für die übrigen Staatsangehörigen maßgebend sind; sie genießen die gleichen Rechte und haben die gleichen Pflichten und Leistungen zu erfüllen. / Artikel II: Die Beteuerungsformel bei allen Eiden besteht in den unter Aufhebung der rechten Hand zu sprechenden Worten: Ich schwöre, so wahr mir Gott helfe! / Artikel III: Die Gerichtsbarkeit in Ehesachen steht dem ehegerichtlichen Senate des Obertribunals zu, welcher bei seinen Entscheidungen die Religionsgrundsätze und Ritualgesetze der Juden zu berücksichtigen hat.« Weiter schreibt Frau Dr. Zelzer: »Damit war das Ringen um die Gleichberechtigung zum Abschluß gekommen. In Dankgottesdiensten wurde dieser große Erfolg gefeiert, und es begannen für die Stuttgarter (und alle Württemberger) Juden die fünfzig glücklichsten Jahre in ihrer Geschichte.«

Wie sein Großvater und sein Onkel Karl hielt auch König Wilhelm II. seine schützende Hand über die Bürger jüdischen Glaubens, von denen etliche in den Gemeinderat gewählt und manche als Wohltäter der Stadt zu Ehrenbürgern ernannt wurden. Einer von ihnen war der bereits erwähnte Eduard Pfeiffer, Gründer der Württembergischen Vereinsbank und anderer für die wirtschaftliche Entwicklung wichtiger Firmen und Institutionen. Als Gründer des »Vereins für das Wohl der arbeitenden Klasse« hat er für die ärmeren Bürger ohne Ansehen der Religionszugehörigkeit viel Gutes getan, vor allem im Wohnungsbau.

Der erste Freidenkerbund

Übrigens konnte unter dem toleranten König Wilhelm II. in Stuttgart auch der erste Freidenkerbund Deutschlands gegründet werden, und zwar von dem hitzköpfigen Dichter Dulk, der in anderen deutschen Staaten nicht geduldet war. Der württembergische Regent ließ ihn nach seiner Façon leben, und Dulk wurde des Königs glühender Verehrer.

Man müßte eine ganze Litanei von Gesetzesinitiativen und Verfügungen aufzählen, die während der Regentschaft Wilhelms II. erfolgten und heute selbstverständlich sind: Zum Beispiel trat das Bürgerliche Gesetzbuch in Kraft, die Jugendgerichtsbarkeit und andere Gesetze trugen zur Verbesserung des Rechtswesens bei, die Landeswasserversorgung wurde geregelt und eine neue Bauordnung geschaffen, die den gesundheitlichen Erfordernissen Rechnung trug. Insgesamt wurden während der Regierung Wilhelms II. 10 000 Gesetze erlassen, die der König alle eigenhändig unterschrieben hat, so zum Beispiel auch ein Gesetz zum Schutz erhaltenswerter Denkmäler der Natur und Architektur.

Nicht zu vergessen die Revision der württembergischen Verfassung von 1906. Sie räumte dem Volk bereits weitgehende demokratische Rechte ein, weshalb der preußische Kaiser Wilhelm II. gelegentlich etwas spöttisch von der »Königlichen Republik Württemberg« sprach.

Abschied von der Monarchie

Königreich oder Republik?

m zu ermessen, wie schwer Wilhelm II. die Ereignisse am 9. November 1918 trafen, muß man sich die damalige politische Situation in Württemberg vor Augen halten. Unter der Überschrift »Die Ablösung der Krone« war im »Beobachter«, der Zeitung der Volkspartei, schon Ende der 1880er Jahre als Fernziel ein republikanischer Staat offen erörtert worden. Dabei vertrat der Verfasser die Überzeugung, daß die Umwandlung der Monarchie zur Republik keineswegs nur auf gewaltsamem Weg zu erreichen sei; sie könne sich vielmehr durchaus auf friedliche Weise durch stetige demokratische Weiterentwicklung ergeben.

Mit der Verfassung vom 25. September 1819 war unter Wilhelm I. die absolutistische Herrschaft des Königs zu Ende gegangen und eine konstitutionelle Monarchie entstanden. Auch König Karl war ein vergleichsweise toleranter Herrscher. Er gab gelegentlich gar sogenannte »parlamentarische Essen«, an denen die Abgeordneten aller Parteien teilnahmen. Bei einem dieser Essen soll König Karl den Chefredakteur des »Beobachter« auf den oben erwähnten Artikel über die »Ablösung der Krone« angesprochen und gefragt haben, wann denn die württembergische Krone mit der Ablösung an der Reihe sei. Darauf habe der Chefredakteur Karl Mayer geantwortet: »O Majestät, das erleben wir zwei nicht mehr!«

Wilhelm II. erkannte sehr wohl die Zeichen der Zeit und schränkte die politische Willensbildung des Volkes ebensowenig ein wie das Recht, diesen Willen in freien, geheimen

Wahlen kundzutun. Deshalb wurde am 28. Januar 1899 ein Gesetz über das Landtagswahlverfahren erlassen, das die Abgabe der Stimmzettel in der Form regelte, die bis heute gilt. Es ordnete nämlich an, daß die Stimmzettel in Umschlägen abgegeben wurden, um eine geheime Abstimmung sicherzustellen.

Zwar hatte der Monarch nach wie vor das Recht, die Mitglieder der Regierung zu bestimmen (diese waren auch nicht dem Landtag, sondern dem König verantwortlich), doch ernannte Wilhelm II. seine Minister durchaus im Einvernehmen mit den Parteien, d. h. entsprechend den Mehrheitsverhältnissen im Landtag.

Wilhelm II. betonte immer wieder, jederzeit bereit zu sein, dem Willen des Volkes Rechnung zu tragen, wenn es in freien Wahlen eine andere Regierungsform wünsche. Einen Grund zu der Annahme, daß sich ein Wechsel von der Monarchie zur Republik in der Weise vollziehen könnte wie am 9. November 1918, hatte er jedenfalls nie, denn keine Partei gab ihm dazu Veranlassung – abgesehen von einer radikalen kleinen Gruppe, die in den letzten Wochen vor dem Umsturz immer lauter eine (Räte)Republik nach bolschewistischem Muster forderte. Von links bis rechts versagte dem König keine Partei ihre Achtung, dazu war er viel zu tolerant. Er selbst empfahl zum Beispiel seinem Ministerium, die Genehmigung zu erteilen, daß die Zweite Internationale 1907 in Stuttgart stattfinden konnte. Die beiden Söhne der Kommunistin Clara Zetkin erhielten sogar ein Stipendium zum Besuch des Karlsgymnasiums in Stuttgart.

Kein Wunder, daß sich die Vertreter der Parteien selbst 1918 noch nicht einig waren, welche Staatsform für Württemberg die beste sei. In der sozialdemokratischen Zeitung

Wie tolerant Wilhelm II. gegenüber politisch Andersdenkenden war, zeigt dieses Foto: Rosa Luxemburg verkündet ihre Thesen auf der Zweiten Internationale in Stuttgart 1907.

»Tagwacht« ist in der Ausgabe Nr. 160 vom 13. Juli 1906 die Frage »Demokratie oder Monarchie« grundsätzlich erörtert worden. Die Antwort des Verfassers lautete: »Man darf sich von dem bloßen Namen der Republik nicht gefangennehmen lassen, sondern muß immer auf das Wesen der Staatsverfassung eingehen, die in hohem Maße demokratisch sein kann, obgleich ihr noch die Etikette Monarchie anklebt.« Dagegen könne auch eine Republik monarchisch-tyrannisch sein.

Der Sozialdemokrat August Bebel hat sich einmal ähnlich geäußert: »Ich kann mir Monarchien denken, in denen für den Arbeiter besser zu leben ist als in manchen Republiken.« Der entschiedenste Verfechter des Gedankens einer Republik war unter den Abgeordneten im Landtag Conrad Haußmann von den Demokraten, der allerdings mit seinem diesbezüglichen Vorstoß im Jahre 1907 selbst bei der eigenen Partei keinen Widerhall fand. Zehn Jahre später sagte er, es gehe nicht um eine andere Regierungsform, sondern um eine andere Regierungsweise.

Erst am 6. November 1918 erklärten in einer Sitzung im Ständehaus drei Abgeordnete des Zentrums, zwei der Demokratischen Volkspartei, zwei Sozialdemokraten (einer war Wilhelm Keil) und zwei Konservative, daß nunmehr die Not der Zeit eine Änderung der Verfassung erfordere, damit die Abgeordneten der Zweiten Kammer, die bisher zwar Abgeordnete, aber nicht Regierungsmitglieder sein konnten, ebenfalls als Minister in die Regierung berufen werden könnten. Der König solle deshalb unverzüglich die Vertreter der Stände einberufen und ihnen einen Gesetzesentwurf vorlegen. Damit der Übergang von der Monarchie zur parlamentarischen Regierungsform reibungslos erfolgen könne, solle das Kabinett Weizsäcker zurücktreten. Der König leitete daraufhin sofort die dazu nötigen Maßnahmen ein.

Wohlgemerkt, das war drei Tage vor dem 9. November 1918. Nur der Bauernbund und die Konservative Partei erklärten sich mit einer so weitreichenden Maßnahme nicht einverstanden: »Dagegen halten wir an unserem Standpunkt der Ablehnung des sogenannten parlamentarischen Systems fest. Wir können dessen Einführung für Württemberg für keinen wahren Fortschritt halten.«

Es schien angebracht, die damaligen politischen Gegebenheiten etwas ausführlicher darzulegen, insbesondere da heute manchmal im Rückblick auf den Umsturz am 9. November 1918 geäußert wird, König Wilhelm II. habe die Zeichen der Zeit zu spät erkannt.

Silberhochzeit und Regierungsjubiläum

Bis zu seinem 70. Geburtstag am 25. Februar 1918 wurden dem König von allen Seiten zahllose Zeichen der Wertschätzung und Anhänglichkeit zuteil. Zur Silberhochzeit des Fürstenpaares am 8. April 1911 und zum 25jährigen Regierungsjubiläum des Monarchen kannte die Begeisterung kaum Grenzen. Schon Monate vor der Silberhochzeit befaßte sich zum Beispiel der »Schwäbische Merkur« mit dem bevorstehenden 25. Hochzeitstag. In einem Artikel vom 21. September 1910 machte die Zeitung den Vorschlag, zu diesem Anlaß Nelken, die Lieblingsblumen der Königin, auszugeben, denn dies sei eine Festgabe, an der sich jeder Württemberger vom Taubergrund bis zum Schwäbischen Meer beteiligen könne. Als dann in den Stuttgarter Zeitungen vom 11. November 1910 die Meldung veröffentlicht wurde, daß die Majestäten zur Silberhochzeit keine Geschenke wünschten, wurde die Idee mit den Nelken wieder aufgegriffen, und das ganze Land beteiligte sich an der Huldigung mit den »Blumen der Barmherzigkeit«.

Wenn man in der offiziellen Stadtchronik von 1911 nachliest, wie dieses Fest von der Bevölkerung gestaltet wurde, kann man den Einfallsreichtum nur bewundern. Schon am Vortag der Silberhochzeit erschien um die Mit-

tagszeit das Luftschiff »Deutschland« über dem Residenzschloß. Als sich die Majestäten und ihre fürstlichen Gäste auf dem Balkon zeigten, neigte sich das Luftschiff tief herab und ließ an einem Fallschirm einen Korb mit Nelken zur Erde gleiten, die vom Friedrichshafener Blumentag stammten.
Am Abend des 7. April überraschten die Stuttgarter Künstler das Jubelpaar mit einer Huldigung: Dazu tauchten 200 Fakkelträger und 200 Mädchen in antiken Gewändern im königlichen Privatgarten auf; es waren Mitglieder der verschiedenen Stuttgarter Künstlervereinigungen, die poetische und musikalische Grüße überbrachten. Anschließend gab es eine Galavorstellung im Hoftheater mit dem ersten Akt von Shakespeares »Sommernachtstraum« und dem dritten Akt der »Meistersinger« von Wagner.
Am 8. April, dem eigentlichen Festtag, eröffnete als Vertreter der Bürgerlichen Kollegien der Bürgermeister von Stuttgart den Reigen der Gratulanten.
Das Besondere an diesem Tag war der Blumenverkauf, für den sich 1200 junge Damen allein in Stuttgart zur Verfügung gestellt hatten. Insgesamt brachten die »Schwäbischen Blumentage« eine Hochzeitsgabe von 511 000 Mark, die vom König auf 540 000 Mark erhöht und wohltätigen Zwecken zugeführt wurde. Der höchste Betrag mit 100 000 Mark mußte auf Anweisung des Königs zur Bekämpfung der Tuberkulose verwendet werden. Auch die anderen Empfänger wurden vom König genau bestimmt, darunter zum Beispiel mit 50 000 Mark die »notleidenden Weingärtner«. Mißernten in den Weinbergen waren schuld an dieser Not. 28 000 Mark erhielt die Jugendfürsorge.
Der Schwäbische Schillerverein Stuttgart und Marbach brachte ein »Hausbuch schwäbischer Erzähler« als Huldi-

gung an den König heraus, für die der Direktor des Schillernationalmuseums in Marbach, Otto Güntter, Beiträge von 25 schwäbischen Dichtern ausgewählt hatte. Das Buch wurde für nur eine Mark verkauft, um es für jeden Württemberger erschwinglich zu machen.

Ebenso groß war die Begeisterung im ganzen Land anläßlich des 25jährigen Regierungsjubiläums am 6. Oktober 1916, an dem die gesamte württembergische Presse von links bis rechts wie auch alle anderen deutschen Zeitungen den »populärsten deutschen Fürsten« ehrten.

Schon am 10. Juli 1916 ließ der König den württembergischen Zeitungen ein Schreiben zugehen, in dem es unter anderem hieß: »In Anbetracht der ernsten Zeiten, die wir durchleben, und der tiefen Trauer, die der Krieg über zahlreiche Familien des Landes gebracht hat, ist es mein Wunsch, daß an meinem Regierungsjubiläum von allen öffentlichen Kundgebungen und festlichen Veranstaltungen, welcher Art sie sein mögen, abgesehen wird und die öffentliche Feier auf einen Dankgottesdienst beschränkt bleibt.«

Am Tag des Regierungsjubiläums wurde er dennoch mit Dankesreden förmlich überschüttet. Conrad Haußmann sprach »in ehrfurchtsvoller Liebe« die Glückwünsche »der getreuen Stände«, also des Landtags, aus.

In einer Festschrift, die zum 25jährigen Regierungsjubiläum erschien, wurde auch der langjährige amerikanische Botschafter in Berlin, Andrew White, zitiert, der den König von Württemberg 1898 kennengelernt hatte. White nannte ihn »einen lebhaften, energischen, geistig regen Mann, der sich in angestrengter Arbeit bemühte, die höchsten Ziele zu erreichen ... Bin ich auch Republikaner, so mußte ich doch davon Zeugnis geben.«

White befaßt sich in seinem Buch »Diplomatenleben« auch mit der Regierungsweise unter König Wilhelm II.: »In Württemberg bringen die Landstände die Bedürfnisse des Volkes zur Geltung, die verantwortlichen Minister vertreten den Willen der Regierung, die letzte Entscheidung in allen wichtigen Fragen trifft im Zusammenwirken vieler Kräfte der König.«

Weil sich der Jubilar Geschenke verbeten hatte, war im ganzen Land eine Sammlung für wohltätige Zwecke veranstaltet worden. Große und kleinste Beträge erbrachten eine Summe von 2,5 Millionen Mark! Eine Abordnung, an deren Spitze Graf Zeppelin stand, übergab diese Jubiläumsspende dem König, der sie um 300 000 Mark aus eigener Tasche aufstockte und für die Unterstützung in Not geratener Kriegsteilnehmer und ihrer Familien verwendete.

Bei so vielen Zeichen der Wertschätzung und Anhänglichkeit und offiziellen Beteuerungen der Treue von seiten der Landtagsabgeordneten verwundert es nicht, daß der König am 9. November 1918, als das Unglück so unversehens über ihn hereinbrach, verbittert ausrief: »Was hat man mir vor zwei Jahren nicht alles versprochen!«

Seinen 70. Geburtstag am 25. Februar 1918 feierte er im Wilhelmspalais wegen des Krieges in besonders schlichter Weise. Dabei gingen ihm aus allen Bevölkerungskreisen im ganzen Land Beweise ehrlicher Zuneigung zu, so daß er den kommenden Ereignissen zwar sorgenvoll, aber ruhig entgegensah.

Der 9. November im Wilhelmspalais

Wie schon bemerkt, hielten es mehrere Abgeordnete in einer Sitzung vom 6. November 1918 angesichts der sich auch in Stuttgart zuspitzenden Verhältnisse für angezeigt, daß das Kabinett Weizsäcker zurücktrete und eine Verfassungsänderung vorgenommen werde, um einen reibungslosen Übergang zu einer parlamentarischen Republik einzuleiten. Am selben Tag ging das Gesuch des Kabinetts Weizsäcker um Entlassung auch ein, und zwei Tage später hatten die Vertreter der vom König einberufenen Stände eine Liste der neuen Regierungsmitglieder unter der Führung des Ministerpräsidenten Liesching von der Demokratischen Volkspartei fertig. Die Vereidigung durch den König war für den nächsten Tag, also den 9. November, vorgesehen.

Schon am 4. November hatte es zwar in Stuttgart eine Demonstration revolutionärer Kräfte gegeben, aber sie war ruhig verlaufen und hatte das Wilhelmspalais nicht behelligt. Als für den 9. November eine weitere Demonstration angekündigt wurde, erklärten die sozialdemokratischen Abgeordneten glaubhaft, diese Veranstaltung solle den radikalen Linken den Wind aus den Segeln nehmen. Doch die gemäßigten Sozialdemokraten, obwohl weitaus in der Mehrzahl, wurden von den Ereignissen überrumpelt: Am 9. November ließ sich eine durch aufwieglerische Reden angestachelte Menge (z. B. hat am Karlsplatz Clara Zetkin vor einer Preisgabe der Interessen »der revolutionären Massen« gewarnt) plötzlich hinreißen, zum Sitz des Königs zu ziehen und mit Gegröl Einlaß zu fordern. Sie behaupteten, im Wilhelmspalais seien Maschinengewehre versteckt, mit denen auf das Volk geschossen werden solle, Offiziere hielten sich dort verborgen und Lebensmittel seien gehortet worden, während das Volk darben müsse. Alle Versuche, die aufgebrachte Menge zu beruhigen, scheiterten.

Um 11 Uhr konnte der König gerade noch die neuen Minister vereidigen. Tags zuvor hatten die Kabinettsmitglieder gemeinsam mit dem König einen »Aufruf des Königs an die Bevölkerung« formuliert, der folgendermaßen lautete:

»Das neue Ministerium, das sich auf dem Vertrauen der gewählten Volksvertretung aufbaut, ist gebildet und hat die Regierung übernommen.

Der König hat in Übereinstimmung mit diesem Ministerium die Einberufung einer konstitutionellen Landesversammlung angeordnet. Sie soll durch allgemeine, gleiche, direkte geheime Wahl der württembergischen Staatsangehörigen beiderlei Geschlechts über 24 Jahren gebildet werden. Ihre Aufgabe soll sein, unserem Staat eine den Bedürfnissen der neuen Zeit genügende Verfassung auf demokratischer Grundlage zu geben. Die Mehrheit des württembergischen Volkes soll damit in die Lage versetzt sein, die Entscheidung über die künftige Regierungsform zu treffen.

Der König spricht aus, daß seine Person niemals ein Hindernis einer von der Mehrheit des Volkes geforderten Entwicklung sein wird, wie er auch bisher seine Aufgabe einzig darin erblickt hat, dem Wohl und den Wünschen seines Volkes zu dienen.«

Zum Schluß des Aufrufs wurde die Bevölkerung gebeten, Ruhe und Ordnung zu bewahren, damit Hungersnot und andere Probleme bewältigt werden könnten.

Foto umseitig:
Der Revolutionstag 9. November 1918 in Stuttgart.
Blick auf den Demonstrationszug in der Oberen Königstraße.

Es kam jedoch ganz anders. Der »Staatsanzeiger« veröffentlichte zwar in einer Sonderausgabe vom 9. November noch die Liste der neuen, vom König vereidigten Regierung und den »Aufruf an die Bevölkerung«, aber nur wenige Stunden später, ebenfalls am 9. November, gaben die Revolutionäre bekannt, daß »die gesamte öffentliche Gewalt von nun an in den Händen der provisorischen neuen Regierung« liege, die im Landtagsgebäude gebildet worden war.

So existierte die vom König vereidigte reguläre Regierung nur wenige Stunden.

Bereits einige Tage vor dem 9. November befand sich vorsichtshalber – nach Meinung des Hofes unnützerweise – eine Wache im Wilhelmspalais. Am 8. und 9. November waren das ein junger Reserveleutnant namens Karl Botsch und 18 Mann. Dem Leutnant war von seinen Vorgesetzten eingeschärft worden, daß er im Notfall nicht selbständig handeln dürfe; er solle nur dem Polizeihauptmann zur Verfügung stehen, dem der Schutz des Palais' obliege. Doch als sich vom Schloßplatz und vom Karlsplatz her eine wütende Menge auf das Palais zubewegte und ins Vestibül eindrang, war Karl Botsch auf sich selbst gestellt, denn vom Hauptmann war weit und breit keine Spur. Am rückwärtigen Eingang standen lediglich zwei Polizeiposten, die erklärten, daß sie den Auftrag hätten, »jedermann hereinzulassen und nicht zu schießen«.

Plötzlich trat einer der Eindringlinge an den Leutnant heran und forderte ihn dreimal auf: »Geben Sie die Waffen ab, oder das Palais wird gestürmt!«, und jedesmal antwortete Botsch, daß er seinen Degen unter keinen Umständen abgebe, er habe seinem König die Treue geschworen und werde sie nicht brechen, am wenigsten in dessen eigenem

Haus. Seinen Soldaten stellte er es frei, die Waffen abzugeben, denn er kannte ja den Wunsch des Königs, daß seinetwegen kein Blut fließen solle. Nun stürzte sich eine wütende Menge auf den Offizier, zerrte ihn auf die Rampe hinaus und schlug ihn mit Fäusten, bis er blutüberströmt ohnmächtig liegen blieb. Der sich bei alledem besonders hervortat, war – wie sich später herausstellte – ein Mann namens Gustav Esterle, auf den wir noch zu sprechen kommen.

Leutnant Botsch wurde, als er wieder zu sich kam, zum Verbinden in die Akademie gebracht und von dort aus nach Hause entlassen. Gottlob war es das einzige Blut, das im Wilhelmspalais floß; die Revolutionäre gehorchten offenbar ihren Führern, denen viel daran lag, daß dem König nichts passierte. Es drang auch keiner der Eindringlinge bis zu ihm vor, vielmehr hat die treue Hofdienerschaft den Zutritt vom Vestibül in den Raum gesichert, in dem der Monarch zu dieser Stunde das neugebildete Ministerium vereidigte. Dorthin wurde ihm auch gemeldet, daß die Revolutionäre den Austausch der Fahne über dem Palais gegen die rote Revolutionsfahne forderten. Vergeblich erklärten der König und alle Minister, daß es sich nicht um das Symbol der Monarchie, sondern um die Hausfahne handle, die nur anzeige, daß der König in Stuttgart sei. Schließlich wich man der Gewalt und ließ die rote Fahne von den Eindringlingen aufziehen.

Karl Botsch, der noch am selben Tag die Ereignisse im Wilhelmspalais in seinem Tagebuch festhielt, berichtet, daß sich die Menge allmählich verzogen habe, nachdem sie wenigstens an ihm ihr Mütchen hatte kühlen können.

Schließlich gelang es dem besonnenen Eingreifen der Hofdienerschaft, die Menge vors Haus zu drängen, so daß die seit der Vereidigung immer noch anwesenden neuen Minister um 12.30 Uhr das Gebäude verlassen konnten.

Auch der an diesem Tag diensttuende Flügeladjutant des Königs, Oberst Rom, stellte in dem Tagebuch, das die Adjutanten peinlich genau führten, die Geschehnisse so dar. Aus diesen Schilderungen ergibt sich, daß es keineswegs nur »Kieler Matrosen« waren, die ins Wilhelmspalais eindrangen, wie später oft behauptet wurde. Oberst Rom trug unter dem 9. November 1918 ein: ». . . eine große Menge, voraus ein Matrose mit roter Fahne« sei zunächst zum Waisenhaus und dann zum Wilhelmspalais gezogen, darunter »viele Frauen und auch Kinder«.

Abschied von Stuttgart

Beim König und der Königin war der Schock über diese sich überstürzenden Ereignisse so groß, daß sie nur noch den Wunsch hatten, Stuttgart so schnell wie möglich zu verlassen und in Bebenhausen Zuflucht zu suchen. Sie wußten nicht, daß bereits zwei Landsturmmänner, die die Vorgänge im Wilhelmspalais mit angesehen hatten, beim Vorsitzenden des Arbeiter- und Soldatenrats, Schreiner, vorstellig geworden waren, um einen Schutzbrief für den König zu erbitten. Schreiner stellte ihn sofort aus, um die Sicherheit weiterhin zu gewährleisten. Auch das Mitglied der unabhängigen radikalen Gruppe der Sozialdemokraten, Crispien, hatte seinen Leuten befohlen: »Laßt mir ja den alten Herrn da drüben in Ruhe!«

Über den Weggang des Königspaares aus Stuttgart und die Fahrt nach Bebenhausen hat Adjutant Oberst Rom folgendes im Tagebuch vermerkt: »Um 6¾ (also 18.45 Uhr) fahren Baronin Falkenstein, Graf Stauffenberg, General von Grävenitz, Frau von Cotta, Frau von Gültlingen und Oberst Rom in drei Autos von der Rampe des Palais ab, bis in den Schloßhof von Bebenhausen begleitet von einem Sanitätsauto, in dem Mannschaften der Sozialdemokratie mit Waffen und roter Armbinde saßen.«

Vor der Abfahrt hatte der König noch einmal alle Räume durchwandert, und man hörte ihn klagen: »So muß ich mein Haus verlassen und habe doch immer nur das Beste gewollt.« Dann verabschiedete er sich vom Personal und dankte jedem einzelnen für die treuen Dienste. Fast alle konnten die Tränen nicht zurückhalten, als sie ihn so erschüttert und enttäuscht weggehen sahen.

Als er hinaus auf die Rampe trat, reichte er nach einigem Zögern auch dem Wachposten die Hand, den die Revolutionsregierung vor das Palais beordert hatte. Da küßte der Mann – es war ein Schlesier – dem König die Hand und sagte, wobei er die Tränen nicht verbergen konnte: »Das war mir die größte Ehre in meinem Leben, daß ich Euer Majestät bewachen durfte.« Erstaunt fragte der König, ob das seine ernste und ehrliche Gesinnung sei, und der Mann antwortete: »Meine aufrichtige Gesinnung.«

Weil der König und die Königin so überraschend nach Bebenhausen kamen, hatte man dort keinerlei Vorkehrungen treffen können; es waren auch kaum Lebensmittel im Haus. Trotzdem gelang es dem Koch, schnell ein warmes Abendessen auf den Tisch zu bringen. Als es serviert wurde, sagte der König: »Was – ich bekomme sogar noch eine warme Mahlzeit? Ich habe nicht gehofft, in meinem Land noch etwas zu essen zu bekommen.«

Der angebliche Königsretter

Bis heute rankt sich um die Vorgänge im Wilhelmspalais am 9. November 1918 eine Legende um den schon erwähnten »Königsretter« Gustav Esterle; ihm allein verdanke man es, daß die radikale Menschenmenge nicht bis zum König vordringen konnte und kein Blut geflossen sei.

Der Historiker Dr. Wilhelm Kohlhaas, der sich intensiv mit der Geschichte Württembergs befaßt und dazu mehrere Bücher publiziert hat, stellte jedoch in jahrelangen Nachforschungen und Befragungen von Zeitzeugen fest, daß Esterle gerade das Gegenteil von dem war, was er zu sein vorgab: Schon einige Tage nach dem Umsturz rühmte sich Esterle in einer Versammlung der sozialdemokratischen Partei, daß er »am Revolutionstag im Wilhelmspalais auf Ordnung gesehen« habe. Der neue Kultusminister Heymann sagte ihm dafür Dankesworte. Als jedoch der angebliche Retter an Staat und Stadt mit dem Anspruch auf eine Belohnung herantrat, wurden Nachforschungen angestellt, und er hatte mit seiner Forderung keinen Erfolg. Trotzdem richtete er wenige Wochen später einen Erpresserbrief an den König in Bebenhausen. Da wurden von dort aus Nachforschungen bei der Stuttgarter Dienerschaft angestellt, deren Ergebnis niederschmetternd war. Der Kammerdiener Gußmann erkannte nämlich mit großer Bestimmtheit in Gustav Esterle den Mann, der den Wachoffizier Botsch am 9. November brutal gefaßt, auf die Rampe hinausgezerrt und dort mit anderen »Beschützern« bewußtlos geschlagen hatte.

Der Hofkoch Lessing hatte bereits bei den städtischen Ermittlungen ausgesagt, daß er genau gesehen habe, wie Esterle »gleich einem Irrsinnigen« auf den Palast zugestürmt sei. Am selben Abend habe dieser Mann im Hauptbahnhof im Kreise von Randalierern verkündet: »Ich bin heute Wache im Wilhelmspalast gestanden und habe gesehen, wie es dort zugeht, aber da haben wir ein Ende gemacht, diese Wirtschaft hat jetzt aufgehört. Ich heiße Esterle, und ihr könnt mir glauben, was ich sage!«

Schon im ersten Erpresserbrief an den König im März 1919 drohte Esterle, daß er sich »der anderen Seite zuwenden müsse«, wenn er bei ihm kein Gehör finde. Als er nicht den gewünschten Erfolg hatte, wandte er sich schließlich wieder an den König, der ja immer viel Interesse für alles Technische zeigte – diesmal vordergründig mit der Bitte um finanzielle Unterstützung seiner Erfindung eines Sicherheitsschlosses. Da sagte Wilhelm II.: »Gebt ihm 5000 Mark, damit er Ruhe gibt!« Esterle gab aber keine Ruhe, schrieb weiter Erpresserbriefe und bedrängte den König sogar in Friedrichshafen. Diese Belästigungen hörten bis zum Tod Wilhelms II. nicht auf.

Gustav Esterle wäre kaum einer Erwähnung wert, wenn er nicht noch nach dem Tod des Königs jahrzehntelang als dessen Beschützer aufgetreten wäre und als solcher sogar Eingang in die Geschichtsschreibung und in Schulbücher gefunden hätte. Nach dem Zweiten Weltkrieg versuchte er auch, sich bei Theodor Heuss anzubiedern, der jedoch die Vorgänge genau untersuchen ließ und der Affäre Esterle ein Ende setzte.

Der wahre Beschützer Karl Botsch war später Pfarrer in Bopfingen und in Stuttgart-Luginsland.

Der Thronverzicht

Vielleicht mag der König – wie viele Württemberger – immer noch ein Fünkchen Hoffnung gehabt haben, daß sich das Blatt wieder wenden und die parlamentarische Regierung mit dem Monarchen an der Spitze die Amtsgeschäfte aufnehmen werde. Jedenfalls hat er erst am 30. November 1918 förmlich auf den Thron verzichtet. An diesem Tag brachte der »Staatsanzeiger« folgende Erklärung des Königs:

»*Mit dem heutigen Tag lege ich die Krone nieder. Allen, die mir in 27 Jahren treu gedient oder mir sonst Gutes erwiesen haben, danke ich aus Herzensgrund. Ich spreche hierbei zugleich im Namen meiner Gemahlin, die nur schweren Herzens ihre Arbeit zum Wohle der Armen und Kranken im bisherigen Umfang niederlegt. Gott segne, behüte und beschützte unser geliebtes Württemberg in alle Zukunft. Das ist mein Scheidegruß!*«

Dieser Erklärung war im »Staatsanzeiger« sogleich folgende Meldung hinzugesetzt:

»*Die provisorische Regierung nimmt den Thronverzicht des Königs entgegen. Eine Thronfolge im Sinne des § 7 der württembergischen Verfassungsurkunde ist nach den durch die Umwälzung vom 9. November geschaffenen Verhältnissen ausgeschlossen.*«

Die provisorische Regierung sprach auch ihren Dank an den König aus, der »in allen seinen Handlungen von der Liebe zur Heimat und zum Volk getragen war« und durch seinen Thronverzicht »die Bahn für die freiheitliche Entwicklung geebnet hat«.

Nie wieder nach Stuttgart

Der schwäbische Dichter Ludwig Finckh sagte über die Vorgänge im Wilhelmspalais und das Verhalten dem König gegenüber: »Diese Schande wäscht kein Neckar, keine Donau und keine Echaz von den Württembergern ab.« Wenn seine Getreuen und Vertrauten von dieser Schande sprachen, hielt ihnen zwar der König immer vor, daß ihm ja nichts geschehen sei, aber im Innersten war er so verletzt, daß er oft die Tränen kaum zurückhalten konnte, wenn die Rede auf den 9. November 1918 kam. Ebenso erging es der Königin.

Bis heute wird oft gefragt, ob es denn wahr sei, daß dieser sonst so gütige und von jedem Haßgefühl freie Mann tatsächlich geäußert habe, nie wieder Stuttgarter Boden betreten zu wollen, selbst sein Leichnam solle in einem Bogen um Stuttgart herumgeführt werden. Die meisten halten diese Überlieferung für eine bloße Legende. Sie entspricht jedoch der Wahrheit.

Am 14. März 1920 schrieb Wilhelm II., der sich seit seiner förmlichen Abdankung am 30. November 1918 nur noch Herzog zu Württemberg nannte, einen Brief an den Feldprobst Blum, der folgende Sätze enthielt:

»Ich war am Grabe meiner Frau und meines Kindes, und da habe ich, ganz allein an den Gräbern stehend, Gott gedankt, daß er meinen Sohn das heutige Elend hat nicht erleben lassen und seiner Mutter das viele Leid erspart hat. Ich bin in einem großen Bogen um Stuttgart herumgefahren, nicht aus Bitterkeit, sondern weil ich das Gefühl habe, daß ich dort nicht mehr hingehöre. Nie möchte ich Stuttgart mehr betreten, selbst nicht bei meiner Überführung zur letzten Ruhestätte in Ludwigsburg.«

Bald zeigte sich, daß die Mehrzahl der Bevölkerung offenbar am Tag des Umsturzes wie gelähmt gewesen war, und die alte Anhänglichkeit kam wieder zum Vorschein. Das Königspaar war kaum in Bebenhausen, als Mädchen aus Lustnau spät abends einen Korb mit selbstgesammelten Eßwaren brachten. Bereits in einem Brief vom 20. November schrieb der König an seinen ehemaligen Oberhofprediger: »Es kommen uns unendlich viele Zeichen treuester Anhänglichkeit zu, von hoch und nieder, reich und arm, die mich tief berühren und mir handgreiflich beweisen, woran ich niemals gezweifelt habe: daß es im Schwabenland viel mehr treue Seelen gibt, als es bei der Katastrophe des 9. November scheinen mußte. Ich fühle mich geradezu beschämt durch so viel Liebe, denn ich habe sie nicht verdient, wenn ich auch nach schwachen Kräften stets bemüht war, das Beste für das geliebte engere und weitere Vaterland zu erreichen. Ich empfinde keine Bitterkeit, sondern nur Dank für jedes gute Wort der Menschen, wie für den greifbaren Schutz des Herrn.«

Stille Tage im Exil

Allmählich erlangte das Herzogspaar das seelische Gleichgewicht halbwegs wieder. Dazu trug wohl auch bei, daß dem einstigen Landesvater mit dem Einverständnis der Arbeiter- und Soldatenräte eine Jahresrente von 200 000 Mark bewilligt wurde. Bei dieser Summe muß berücksichtigt werden, daß davon die Angestellten bezahlt werden mußten und daß in jener Zeit der Geldwert ständig abnahm.

Von Bebenhausen aus suchte das Paar zunächst in der Villa Seefeld bei Rorschach Abstand von den Geschehnissen. Im

Sommer hielt man sich wieder in Friedrichshafen auf und anschließend in Bebenhausen. Schloß Friedrichshafen, das königliches Privateigentum war, wurde dem Herzog belassen, in Bebenhausen – ebenfalls sein Privateigentum – wurde ihm auf Lebenszeit das Wohnrecht eingeräumt.

Den Sommer 1921 verbrachte das Ehepaar in Friedrichshafen. In dieser Zeit war ein Bootsbauer aus Plön namens Fritz Schlüter auf Wanderschaft und arbeitete auf einer Werft in Friedrichshafen. Eines Sonntags saß er auf einer Bank im Schloßpark und unterhielt sich sehr nett mit einem älteren Herrn. Als sich der Herr verabschiedete, fragte er den »Fiete« von der Waterkant: »Wissen Sie, wer ich bin?« »Nee«, seggt Fiete. »Ich war einmal König von Württemberg.«

Am 15. September 1921 übersiedelte das Fürstenpaar nach Bebenhausen. Es war ein Abschied vom geliebten See für immer.

Auf der Fahrt nach Bebenhausen machte der Herzog zunächst zwei Tage Station in Marienwahl und besuchte auf dem Ludwigsburger Friedhof das Grab seiner Frau und seines Sohnes, auch die Ruhestätte seiner Eltern in der Fürstengruft im Ludwigsburger Schloß besuchte er.

Man hat den Eindruck, als ob er sein Ende nahen fühlte, denn er stattete in diesen Tagen auch den Wernerschen Anstalten einen Besuch ab, die seiner ersten Frau so am Herzen gelegen hatten. Ins Gestüt nach Weil fuhr er ebenfalls. Dort ließ er sich auf Wunsch seines bewährten Trainers mit dem besten Rennpferd fotografieren, das ihm 100 000 Mark Siegesprämien eingebracht hatte. Der Trainer bat, ihm eines dieser Fotos mit einer Widmung zur Erinnerung zu schikken, doch dazu sollte es nicht mehr kommen.

Der Tod des Königs

Schon in der Nacht vom 22. zum 23. September bekam der Herzog Fieberanfälle. Nach vorübergehender Besserung verschlechterte sich jedoch der Zustand zusehends. Am 27. September traf seine Tochter Fürstin Pauline mit ihrer Familie in Bebenhausen ein, die der Kranke noch erkannte. Am Vormittag des 2. Oktober 1921 ist er gestorben.

Im Sommerrefektorium des ehemaligen Klosters wurde der Leichnam aufgebahrt. Am Sarg unter einem Hain von Herbstlaub aus dem Schönbuch hielten Förster die Totenwache. In Bebenhausen, Stuttgart und überall im Land wurden Trauergottesdienste gehalten, und alle politischen Parteien würdigten das Lebenswerk Wilhelms II. zum Wohle Württembergs.

Am 7. Oktober wurde der Sarg von Bebenhausen nach Marienwahl überführt und von dort aus in feierlichem Trauerzug an Zehntausenden von Bürgern vorbei zum alten Ludwigsburger Friedhof geleitet. Stuttgart wurde dabei nicht berührt.

Ohne Salven, ohne große Grabreden, nur mit Bibelworten und Gebeten wurde der Sarg neben Prinzessin Marie beigesetzt. Es war eine schlichte Feier, wie es der letzte König von Württemberg gewünscht hatte.

*König Wilhelm II. mit Königin Charlotte vor dem
Schloß in Bebenhausen.*

Quellen- und Literaturverzeichnis

Belschner, C., Festschrift zur Feier des 25jährigen Regierungsjubiläums. Stuttgart 1916.
Bruns, Viktor, Änderung des Landtags durch das Gesetz des Landtagswahlverfahrens. Stuttgart 1916.
Chronik der Haupt- und Residenzstadt Stuttgart. Hrsg. vom Gemeinderat der Stadt Stuttgart. Stuttgart 1900–1911.
Gerhardt, O., Unser unvergeßlicher guter König. Stuttgart 1933.
Hoffmann, Konrad, Württembergischer Nekrolog. Stuttgart 1923.
Hoppel, O. F., Chronik der Schwäbischen Blumentage. Stuttgart 1911.
Krauß, Rudolf, Das Stuttgarter Hoftheater. Stuttgart 1908.
Mosapp, Hermann, Wilhelm II. von Württemberg. Stuttgart 1916.
Münzenmay, Rose, Ortsgeschichte von Obertürkheim. Stuttgart 1990.
Pistorius, Theodor, Die letzten Tage des Königreichs Württemberg. Stuttgart 1935.
Seeger, Stephan, Das Königtum Wilhelms II. von Württemberg 1891–1918. Magisterarbeit bei der Geschichtswissenschaftlichen Fakultät der Eberhard-Karls-Universität Tübingen, 1990.
Stuttgarter Wochenblatt/Stuttgarter Illustrierte, Jge. 1980–87.
Tagebuch der Flügeladjutanten König Wilhelms II. von Württemberg für die Zeit vom Oktober 1915 bis November 1918. Archiv des Hauses Württemberg, Altshausen.
Wais, Gustav, Stuttgarts Bauten im Bild. Stuttgart 1951.
Widmann, Wilhelm, Der Schwabenkönig und sein Haus. Stuttgart o. J.
Zelzer, Maria, Weg und Schicksal der Stuttgarter Juden. Stuttgart 1964.

Bildnachweis

Archiv der Autorin: 25, 44, 60, 90, 96
Frank Eppler: 11
Fürstlich Wiedisches Archiv: Titelbild/Frontispiz, 19, 49, 58, 62, 66, 69, 72, 76, 95, 127
Landesbildstelle Württemberg: 21, 27, 39, 53, 81, 82/83, 104, 106 (2×), 114, 117, 120, 122, 129, 130, 159
Stadtarchiv Stuttgart: 118, 133, 146/47
Ullstein Bilderdienst: 138